应用统计（第五版）
习题与参考解答

丁　岚　编著

对外经济贸易大学出版社
中国·北京

图书在版编目（CIP）数据

应用统计（第五版）习题与参考解答 / 丁岚编著. —
北京：对外经济贸易大学出版社，2012
ISBN 978-7-5663-0352-3

Ⅰ. ①应… Ⅱ. ①丁… Ⅲ. ①应用统计学－高等学校
－教学参考资料 Ⅳ. ①C8

中国版本图书馆 CIP 数据核字（2012）第 143676 号

应用统计（第五版）习题与参考解答

丁 岚 编著

责任编辑：郭华良 汪 洋

对外经济贸易大学出版社
北京市朝阳区惠新东街 10 号 邮政编码：100029
邮购电话：010－64492338 发行部电话：010－64492342
网址：http://www.uibep.com E-mail：uibep@126.com

唐山市润丰印务有限公司印装 新华书店北京发行所发行
成品尺寸：185mm×230mm 12.5 印张 248 千字
2012 年 7 月北京第 1 版 2012 年 7 月第 1 次印刷

ISBN 978-7-5663-0352-3
印数：0 001－3 000 册 定价：23.00 元

前　　言

应用统计是经济与管理类以及其他社会学科专业必修的一门专业基础课程，是通用的方法论学科，在经济和社会生活中应用范围非常广泛。近年来，随着经济学、管理学、社会学等学科定量分析方法的普及和深入，统计方法已经成为正确解读、认识、分析经济现象和社会现象必不可少的工具。应用统计具有很强的操作性和实践性。要学好这门课程，必须通过大量的练习，才能理解统计分析中常用的概念、基本原理，才能熟练掌握和应用其基本分析方法。

为了配合本科层次应用统计教学的需要，帮助学生更好地掌握这门课程，提高学生经济定量分析的能力，我们编写了《应用统计（第五版）习题与参考解答》。本书是对外经济贸易大学出版社 2010 年出版的《应用统计（第五版）》配套教辅用书。本书共十一章，每章包括五部分内容：

一、学习目的和要求

二、主要概念和内容

三、难点和重点

四、练习题

五、参考答案

书后还附有六份模拟试题及参考答案，便于学生进行自测。

陈昊、师源、李宽、刘元、刘舒予、吴静湄等六位硕士生参加了本指导书的编写和上机计算等工作。本书在编写过程中，参考了统计界许多同仁的成果，选用了一些分析案例，引用了一些观点，在此一并表示衷心感谢。

应用统计课程主要介绍进行数据分析所必须使用的定量统计分析方法。这些方法分为描述统计方法和推断统计方法。描述统计方法是指对调查数据进行整理和计算统计量数等加工处理，用来描述总体特征的方法；推断统计方法是根据调查的样本数据去推断总体数量特征的方法。要学好本课程，首先应该从总体上把握进行统计分析的基本流程和应用统计课程的逻辑框架；其次，掌握每一流程中的各种具体分析方法，再根据数据的特征正确地选择统计分析方法。

统计分析的基本流程：

数据的采集⟶数据的整理⟶数据的分析

应用统计内容总框架图如下：

应用统计

描述统计内容：
- 数据的采集
- 数据的整理
- 量别数据的描述性分析
- 指数
- 时间数列分析

推断统计内容：
- 概率与概率分布
- 抽样与抽样分布
- 参数估计和假设检验
- 方差分析
- 相关与回归分析

丁 岚

2012 年 3 月

目　　录

绪　　论

一、学习目的和要求

本章从整体上对应用统计的内容框架和有关基本概念进行了介绍,为以后各章的学习奠定基础。通过本章学习,应该理解统计学的含义和统计学的研究对象的特点,统计学研究的基本方法和基本内容,统计学与其他学科的关系以及统计数据的分类。

二、主要概念和内容

(一) 统计学发展的三个阶段

初创阶段:17 世纪中叶到 19 世纪中叶。这一阶段,统计学主要用来描述和比较各个国家的综合国力及人口研究,从研究对象上说是实质而不是方法论,从方法上看是经验研究多于理论研究,尚未进入系统的理论研究。1671—1676 年英国的威廉·配第著写的《政治算术》一书成为统计实务上升到理论和方法的标志。

近代统计学阶段:19 世纪中叶到 20 世纪 40 年代。1869 年凯特勒发表了《社会物理学》,揭开了近代统计学发展的序幕。这一阶段已经建立起系统的理论和方法,随后的许多数学家将数学方法在统计分析中大量应用,并且实现了由实质性科学向方法论科学的转变。

现代统计学阶段:20 世纪 50 年代至今。统计理论和方法的应用有了广泛的发展,进一步开发出一系列新的统计研究方法,并且将统计研究方法与电子计算机应用密切结合,开发了一系列功能较为齐全、数据处理能力较强的统计专用软件(如 SAS, SPSS, STATISTICA 等),使统计学成为一门与现代化计算工具密切相关的方法论学科。

(二) 统计学的定义

统计学是在质与量的辩证统一中,通过大量观察和平均方法,对客观总合现象的数量特征进行研究的方法论学科。

(三) 统计学研究的基本方法

统计学研究的基本方法是大量观察法和平均法。

(四) 统计学从内容上分类

统计学从内容上分为描述统计学和推断统计学。

(五) 统计学中常用的几个术语

1. 总体:同质客观现象个体所组成的集团。

2. 总体单位:组成总体的个体成员。

3. 样本:从总体中按照某种抽样方法抽中的个体单位。

4. 标志:说明总体单位属性的名称,表现为数量上不等的称为数量标志;表现为状态上差异的称为品质标志。

(六) 数据的类型

1. 质别数据和量别数据
2. 截面数据和时间序列数据
3. 初级数据和次级数据

三、难点和重点

本章是对全书的总括,是学好应用统计课程的基础,因此,对本章的基本概念、常用术语,如总体、总体单位、样本、标志等应该理解并记忆,以达到熟练应用的程度。

四、练习题

(一) 判断题

1. 统计学是研究社会领域和自然领域的规律的实质性科学。

2. 大量观察法是统计研究的最基本的方法。

3. 总体单位的属性既可以用数值表示,也可以用文字表示。

4. 对任一事物进行统计研究的前提是构成统计总体的各个个体单位必须具有差异性。

5. 构成总体的各个个体单位至少在某一属性上相同,才能准确地确定总体范围。

6. 统计学与哲学相同,属于认识客观世界的最一般的方法论科学。

7. 运用统计方法可以研究和解释事物发展的原因和规律。

8. 总体的同质性、变异性、大量性是平均法的应用前提。

9. 在用计算机数据进行汇总时,往往将男性用"1"来表示,女性用"0"来表示,所以可将性别视为量别变量。

10. 在人工干预或操作情况下收集的数据称为实验数据。

（二）单项选择题

1. 调查城镇居民对政府服务的满意度，需要抽取足够多的居民，这种方法称为(　　)。

A. 随机抽样法　B. 统计分组法　C. 回归分析法　D. 大量观察法

2. 用部分数据推断总体数据的方法，属于(　　)。

A. 理论统计学的内容　B. 应用统计学的内容

C. 推断统计学的内容　D. 描述统计学的内容

3. 构成一个统计总体，必须具有若干特征，下列不属于统计总体特征的是(　　)。

A. 数量性　B. 同质性　C. 变异性　D. 大量性

（三）多项选择题

1. 应用统计学的内容包括(　　)。

A. 决策的方法　B. 数据的描述方法

C. 数据的推断方法　D. 数理分析方法

E. 数据的整理方法

2. 统计数据必须具有的特点是(　　)。

A. 数量性　B. 客观性　C. 具体性　D. 通用性

E. 总和性

3. 描述统计学的内容包括(　　)。

A. 收集数据的方法　B. 整理数据的方法

C. 用集中趋势量数描述数据　D. 用离中趋势量数描述数据

E. 用样本数据对总体数据进行推断

4. 推断统计学的内容包括(　　)。

A. 收集数据的方法　B. 怎样从总体中抽取样本

C. 用集中趋势量数描述数据　D. 怎样控制样本对总体的代表性误差

E. 用样本数据对总体数据进行推断

5. 统计数据的特点是(　　)。

A. 大量性　B. 客观性　C. 具体性　D. 总合性

E 数量性

6. 统计数据按来源分类，可以分为(　　)。

A. 质别数据　B. 次级数据　C. 量别数据　D. 初级数据

E. 截面数据

五、参考答案

(一) 判断题

1. × 2. √ 3. √ 4. √ 5. √ 6. × 7. × 8. √ 9. × 10. √

(二) 单项选择题

1. D 2. C 3. A

(三) 多项选择题

1. BCE 2. ABCE 3. ABCD 4. BDE 5. BCDE 6. BD

第一章　数据的采集和整理

一、学习目的和要求

本章内容包括统计工作第一阶段和第二阶段：数据的采集阶段和整理阶段。

掌握数据采集的主要方法，如普查、抽样调查及统计报表等方法，了解各种不同方法的特点及适用环境；了解抽样误差的种类；掌握统计调查方案的基本内容；能够根据研究主题设计调查问卷，能够熟练将调查数据录入统计分析软件（SPSS）中。

掌握统计数据整理的基本方法；了解统计数列的种类；掌握质别数据和量别数据的统计分组方法；掌握频数分布表的编制方法；了解统计表的结构；掌握统计图的绘制方法。

熟练运用统计分析软件（SPSS）对统计数据进行整理和绘图。

二、数据采集主要概念和内容

（一）统计数据的来源

统计数据的来源包括采集（统计调查、试验）和业务记录。

（二）统计调查的方式

统计调查的方式包括普查、抽样调查和统计报表。

1. 普查

普查是为了某一特定目的而专门组织的一次性全面调查。其特点是规定调查数据所属的标准时间，以避免数据的重复和遗漏。

2. 抽样调查

抽样调查属于非全面调查，是世界各国广泛使用的一种调查方式。即从研究总体中抽取部分单位进行调查。在统计工作中，通常需要研究的总体单位都非常多，大多数情况下受到时间和资金的限制必须通过抽样的方法了解总体。因此，抽样调查是统计研究最常使用的一种获得数据的方式。常用的抽样调查方法有随机抽样和非随机抽样。随机抽样包括简单随机抽样、系统抽样、分层抽样、整群抽样、多阶段抽样；非随机抽样有便利抽样(又称任意抽样、偶遇抽样)、判断抽样、配额抽样、滚雪球抽样。

3. 统计报表

统计报表是按照国家有关法规的规定,自上而下布置,自下而上逐级提供基本统计数据的一种调查方式。它以一定的原始记录为基础,按照统一的表式、统一的指标、统一的报送时间和报送程序进行填报,带有一次性布置、周期性填报的特点。

(三) 数据的误差

数据的误差包括抽样误差和非抽样误差两类。

抽样误差:指由于抽样的随机性所带来的误差,不能避免但可以计算控制。

非抽样误差:指除抽样误差之外的由于其他原因造成的样本观察结果与总体真值之间的差异,如问卷设计的偏差,访员工作责任心、业务水平,受访者提供的数据不真实等等。这类误差是无法测量的,但可以通过采取积极的措施减少它们的出现。

(四) 采集数据的主要工具

采集数据的主要工具是调查问卷或调查表。设计一份科学、合理的问卷是获得真实可靠数据的必要条件。

(五) 实验设计

实验设计是指通过对研究对象进行比较测试获得数据的方法。

(六) 统计调查方案的内容

1. 确定调查目的
2. 确定调查对象和调查单位
3. 确定调查项目和调查表(调查问卷)
4. 确定调查时间、地点和调查方式
5. 制定调查的组织实施计划

(七) 统计数据的审核

1. 审核的目的:保证数据的完整性和准确性
2. 审核的方法:逻辑审核和计算审核

三、数据整理的主要概念和内容

(一) 统计数据整理的概念

统计数据整理,即将收集来的数据编制成频数分布表的过程。

(二) 统计数据整理步骤

统计数据整理步骤分为统计数据分组、统计数据汇总、统计数据表述。

（三）质别数据的整理方法

质别数据的整理分为三个步骤：分组（类）——→归类——→汇总。

（四）量别数据整理方法

根据变量的特点分为单项式分组和组距式分组两种。单项式分组适用于离散型变量且变量值个数较少的情况；组距式分组适用于连续型变量且变量值个数较多的情况。

（五）组距式分组的步骤

确定组数——→计算全距、求出组距——→界定组限——→分组归类——→汇总制成频数分布表。

（六）统计数列

统计数据整理后制成的频数分布表中的数据就是统计数列。统计数列分为两类：截面数列和时间数列。截面数列按分组标志不同又分为品质数列和变量数列。

（七）统计数据的表述

统计数据的表述即用统计表和统计图对已经整理好的数据进行概括性描述。

（八）统计表

统计表是把统计调查所得的数据，经过整理后概括地表述统计数字的一种表格。

从统计表的形式看，统计表由总标题、横行标题、纵栏标题和指标数值四部分组成。

从统计表的内容看，统计表可分为主词栏和宾词栏两部分。

（九）统计图

统计图是将整理好的统计数据用图型来概括描述的方法。定性的截面数据适合用条形图、饼图；定量的截面数据适合用直方图和频数多边形。如果希望显示各组的频数分布态势，又希望能保留各组内的原始数据，可以使用茎叶图。时间数列数据用线形图描述。

（十）量别数据分布的曲线种类

量别数据分布的曲线种类包括中央集中分布、U 型分布和 J 型分布。

四、难点和重点

数据的不同来源途经；不同抽样调查方法的特点及适用环境。

SPSS 的使用：定性变量和定量变量在 SPSS 的输入方式，定性变量和定量变量在 SPSS 的命名方式、赋值和编码。

质别数据、量别数据的整理方法；统计表的内容和结构；根据统计数据类型正确选择统计图形。

五、练习题

(一) 判断题

1. 统计的初级数据和次级数据均来源于统计调查。
2. 进行普查时涉及的调查项目越多越好。
3. 普查和抽样调查是世界各国通用的收集统计数据的主要方式。
4. 调查项目是设计统计调查方案时应考虑的首要因素。
5. 普查和抽样调查的目的不同,前者为了了解总体,后者为了了解局部。
6. 统计数据的采集和整理是进行统计分析的前提。
7. 调查问卷是由问题和备选答案组成的文件。
8. 进行普查时需要规定标准时间,其目的是为了按时完成调查工作。
9. 所有的抽样方式都有一定的概率作为推断总体的保证。
10. 对无限总体的观察,必须采用抽样调查的方式获得数据。
11. 统计采集数据常用的调查工具是调查问卷和调查表。
12. 截面数列按分组标志不同可以分为品质数列和变量数列。
13. 同龄人的身高,用频数曲线描述一般表现为钟型分布。
14. 欲掌握我国人口是否具有老龄化特征,对人口按年龄分组,适合采用等距式分组。
15. 对在校大学生的年龄进行分组适合采用组距式分组。
16. 向上累计频数指小于上限的的频数共有多少。
17. 向下累计频数指大于下限的的频数共有多少。
18. 在组距式分组中,采用组中值作为每组一般水平的代表值。
19. 直方图仅适合用于显示连续型分组数据。
20. 茎叶图不仅能够反映数据的分布情况,还能显示数据的原始信息。
21. 频数分布表中的组距在茎叶图中称为步长。

(二) 单项选择题

1. 下列不属于原始数据来源的是(　　)。

A. 行政记录　　B. 统计调查　　C. 统计年鉴　　D. 实验

2. 在进行普查时,必须要规定标准时间,其目的是为了(　　)。

A. 避免登记的重复和遗漏　　B. 确定调查对象的范围

C. 确定调查单位　　D. 保证调查的及时性

3. 某出口企业对其产品质量进行检验,采用的调查方式是(　　)。

A. 普查　　B. 随机抽样调查　　C. 判断抽样调查　　D. 方便抽样调查

4. 了解居民消费水平的变化状况，一般采用入户调查。确定样本户的方式是(　　)。

A. 系统抽样　　B. 分层抽样　　C. 整群抽样　　D. 多步抽样

5. 抽样调查与普查的根本区别是(　　)。

A. 作用不同　　B. 灵活程度不同

C. 选取观察值的方法不同　　D. 精确度不同

6. 在抽样调查中，(　　)。

A. 不会出现登记性误差，只会出现代表性误差

B. 会出现登记性误差，不会出现代表性误差

C. 既会出现登记性误差，也会出现代表性误差

D. 既不会出现登记性误差，也不会出现代表性误差

7. 统计调查表中的调查项目就是(　　)。

A. 统计指标　　B. 统计数值　　C. 统计分组　　D. 统计标志

8. 街头拦截获得样本数据的方式属于(　　)。

A. 普查　　B. 方便抽样调查　　C. 判断抽样调查　　D. 随机抽样调查

9. 普查中的标准时间是指(　　)。

A. 进行调查工作的时间　　B. 调查数据所属的时间

C. 记录数据的时间　　D. 数据上报的时间

10. 某些商务活动是通过实验设计获得原始数据的，在进行实验设计时应注意的原则不包括(　　)。

A. 对照原则　　B. 齐同原则　　C. 合理原则　　D. 随机原则

11. 某次调查收集了 300 名学生的性别、专业和月手机支出额的数据，这项调查的变量个数有(　　)。

A. 1 个　　B. 2 个　　C. 3 个　　D. 300 个

12. 构成截面数据的两个要素是(　　)。

A. 组距和各组频数　　B. 组限和各组频数

C. 组中值和各组频数　　D. 分组标志和各组频数

13. 在全距既定的情况下(　　)。

A. 组数越多则组距越大　　B. 组数越多则组距越小

C. 组数越少则组距越小　　D. 组数与组距无对应关系

14. 适合编制单值数列的数据是(　　)。

A. 连续型变量且数据变动范围较小　　B. 离散型变量且数据变动范围较小

C. 连续型变量且数据变动范围较大　　D. 离散型变量且数据变动范围较大

15. 在编制等距式分组数列时如果全距57,组数为7,为了计算方便,组距应当取(　　)。

A. 8.1　　B. 8　　C. 7　　D. 10

16. 在平面直角坐标轴中,横轴刻度表示直方图的(　　)。

A. 频数　　B. 组中值　　C. 组距　　D. 组限

17. 频数密度是指(　　)。

A. 组距除以频数　　B. 平均每组的频数

C. 平均每组组内的频数　　D. 单位组距的频数

18. 对数据进行分组时,采用等距分组还是异组距分组,取决于(　　)。

A. 变量值的多少　　B. 次数的多少

C. 研究现象的特点　　D. 组数的多少

19. 对工业企业按经济类型分组和按利润额分组(　　)。

A. 都属于质别标志分组

B. 都属于量别标志分组

C. 前者属于质别标志分组,后者属于量别标志分组

D. 前者属于量别标志分组,后者属于质别标志分组

20. 根据异距分组绘制直方图时在坐标纵轴刻度应当使用(　　)。

A. 各组的频率密度　　B. 各组的频率

C. 各组的实际频数　　D. 各组的组中值

(三) 多项选择题

1. 我国第五次人口普查的标准时间是2000年11月1日0时,下列情况应登记的人口有(　　)。

A. 2000年11月2日1时出生的婴儿　　B. 2000年10月30日6时出生的婴儿

C. 2000年10月30日14时死亡的人　　D. 2000年11月1日1时死亡的人

E. 2000年10月29日出生,11月7日3时死亡的婴儿

2. 在抽样调查中,产生非抽样误差的原因有(　　)。

A. 错误地定义调查总体　　B. 问卷设计不合理

C. 抽样方法不正确　　D. 被调查人员的配合程度

E. 调查人员的工作态度和业务水平

3. 调查过程中产生登记误差的原因是(　　)。

A. 调查者计录数据有误　　B. 调查者计算数据有误

C. 调查者汇总数据有误　D. 被调查者提供数据有误
E. 调查样本分布不合理

4. 对采集来的初级数据在整理之前应该进行(　　)。
A. 相关性审核　B. 完整性审核
C. 时效性审核　D. 适用性审核
E. 准确性审核

5. 下列商务活动中,可以通过实验方法来测定其效果的有(　　)。
A. 员工培训方法的选择　B. 商品包装
C. 商品促销方式　D. 商品陈列布局
E. 商品分类

6. 统计调查方案包括的内容有(　　)。
A. 确定调查目的　B. 确定调查对象
C. 确定调查项目和调查表　D. 确定调查时间和地点
E. 确定调查的组织计划

7. 对于次级数据,应该进行以下方面的审核(　　)。
A. 完整性　B. 准确性　C. 时效性　D. 适用性
E. 合理性

8. 统计分组应该遵循的基本原则是(　　)。
A. 穷尽　B. 适用　C. 互斥　D. 合理
E. 随机

9. 关于离散型变量,下列表述正确的是(　　)。
A. 可以采用单值分组　B. 可以采用组距分组
C. 相邻组的上下限可以间断　D. 相邻组的上下限可以重叠
E. 可按"上限不在组内"原则处理上下限相同的变量

10. 茎叶图和箱线图不适用的数据类型是(　　)。
A. 已分组的分类数据和定序数据　B. 未分组的分类数据和定序数据
C. 已分组的数值型数据　D. 未分组的数值型数据
E. 频数分布表中的数据

11. 编制频数分布表的目的是(　　)。
A. 显示数据的差异　B. 显示数据的分布状况
C. 显示数据的中心　D. 显示数据的相互关系

E. 显示数据的属性

12. 编制组距数列时,对于组限的确定,(　　)。

A. 最小组的下限应大于最小变量值　B. 最小组的下限应略小于最小变量值

C. 最大组的上限应小于最大变量值　D. 最大组的上限应略大于最大变量值

E. 最小组的下限和最大组的上限应分别等于最小和最大变量值

13. 下列可以表示连续型变量的统计图有(　　)。

A. 条型图　B. 直方图　C. 折线图　D. 饼图

E. 茎叶图

14. 正确计算组中值的方法是(　　)。

A. (上限 + 下限)/2　B. 上限 + 下限/2

C. 上限 - 下限/2　D. 上限 - 邻组组距/2

E. 下限 + 邻组组距/2

(四) 填空题

根据下列频数分布表填空:

某公司职工收入

按收入额分组(元)	职工数(人)
4 000 以下	2
4 000 ~ 5 000	7
5 000 ~ 6 000	9
6 000 ~ 7 000	6
7 000 ~ 8 000	5
8 000 以上	1
合计	30

该表研究的变量是________,变量为________型,采用的是________分组,表中的职工数称________,收入 6 000 元的职工应当归为________组,表中第一组和第六组称________,第一组的组中值是________,第六组的组中值是________,第二组中的 4 000 称为________,5 000 称为________,第二组的组中值是________。

(五) 整理应用题

1. 下表是我国 2006 年 7 月出口额按洲别分组数据:

洲别	出口额(亿美元)	占比(%)
亚洲	2 408.9	47.3
欧洲	1 111.9	21.8
北美洲	1 166.3	22.9
拉丁美洲	185.2	3.6
大洋洲	81.6	1.7
非洲	135.1	2.7
合计	5 089.0	100

以上数据属于什么类型数据,请画出合适的图形。

2. 某电器商城某日国外品牌手机的销售量数据见下表:

摩托罗拉	摩托罗拉	诺基亚	摩托罗拉	诺基亚
索爱	诺基亚	三星	诺基亚	诺基亚
诺基亚	索爱	三星	诺基亚	摩托罗拉
三星	西门子	西门子	诺基亚	摩托罗拉
西门子	摩托罗拉	摩托罗拉	摩托罗拉	三星
三星	诺基亚	诺基亚	诺基亚	三星
索爱	诺基亚	诺基亚	诺基亚	索爱
三星	西门子	摩托罗拉	诺基亚	三星
诺基亚	索爱	诺基亚	摩托罗拉	摩托罗拉
诺基亚	西门子	诺基亚	摩托罗拉	摩托罗拉

根据上表数据回答下列问题:

(1)以上数据属于什么类型数据?

(2)对以上数据进行整理,该数据适合用什么方法显示其分布特征?

(3)一天内最受欢迎的手机是哪个品牌?

3. 某商场为了了解其会员的购物情况,随机抽取了 50 张会员卡,对这 50 张会员卡一个月内的购物金额进行了统计,得到数据如下(单位:元):

1 465	1 405	1 355	1 225	1 000
1 760	1 755	1 710	1 605	1 535
1 985	1 965	1 910	1 845	1 810
2 270	2 240	2 190	2 040	2 010
2 980	2 820	2 600	2 430	2 290
1 375	1 295	1 265	1 175	1 125
1 735	1 645	1 625	1 595	1 575
940	1 880	1 865	1 835	1 815
2 220	2 110	2 095	2 030	2 030
2 670	2 550	2 520	2 370	2 320

根据表中数据回答下列问题:

(1) 以上数据属于什么类型数据?适合用什么图形显示其分布特征?

(2) 对上述数据进行整理:编制频数表,计算频数、频率和累积频率;

(3) 绘制直方图。

四、参考答案

(一) 判断题

1. × 2. × 3. √ 4. × 5. × 6. √ 7. √ 8. × 9. × 10. √ 11. √ 12. √ 13. √ 14. × 15. × 16. √ 17. √ 18. √ 19. √ 20. √ 21. √

(二) 单项选择题

1. C 2. A 3. B 4. D 5. C 6. C 7. D 8. B 9. B 10. C 11. C 12. D 13. B 14. B 15. D 16. C 17. D 18. C 19. C 20. A

(三) 多项选择题

1. BCE 2. ABCDE 3. ABCD 4. BE 5. ABCD 6. ABCD 7. ABCD 8. AC 9. ABCDE 10. ABCE 11. BC 12. BD 13. BCE 14. ADE

(四) 填空题

该表研究的变量是__收入__,变量为__连续__型,采用的是__等组距式__分组,表中的职工数称__频数__,收入6 000元的职工应当归为__6 000~7 000(或第四)__组,表中第一组和第六组称__开口__,第一组的组中值是__3 500__,第六组的组中值是__7 500__,第二组中的4 000称为__下限__,5 000称为__上限__,第二组的组中值是__4 500__。

(五) 整理应用题

1. 以上数据属于质别数据;最适合的图型是条型图、饼图。

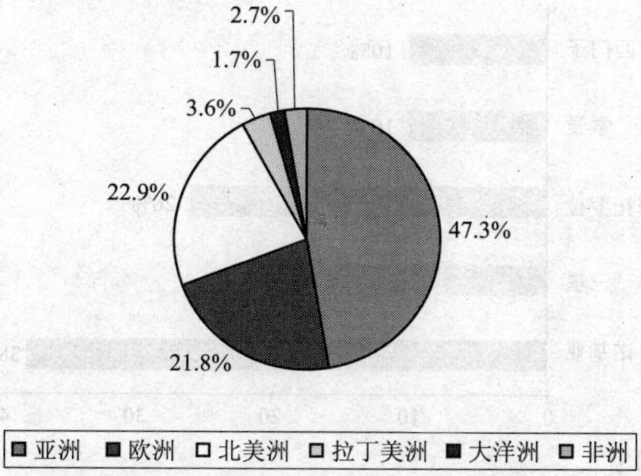

2006 年 7 月我国出口市场按洲别分组图

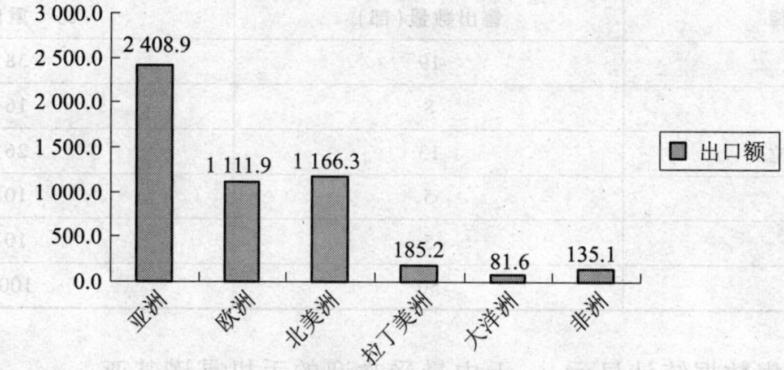

2006 年 7 月我国出口市场按洲别分组图

2. (1) 以上数据属于质别数据；

(2) 适合用饼图、条型图和频数分布表显示其分布特征；

饼图、条型图如下：

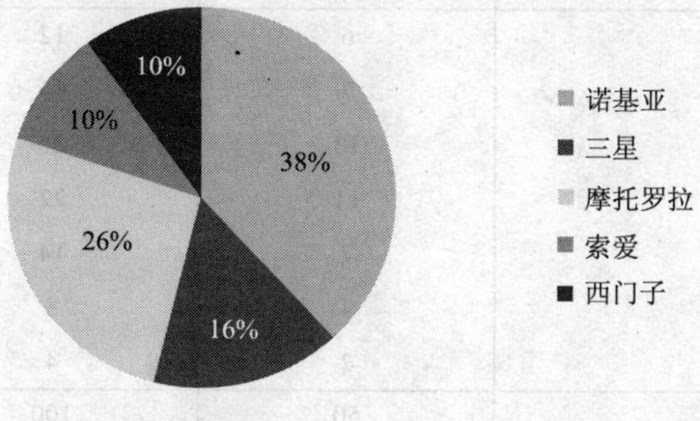

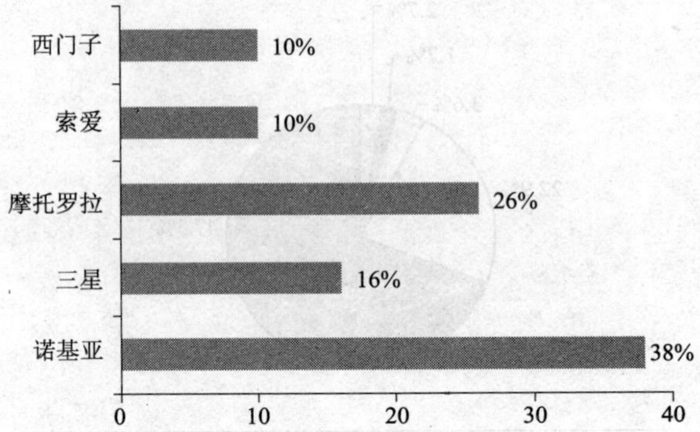

频数分布表见表1:

表1　　某电器商城一天手机销售量的频数分布表

品　牌	售出数量(部)	比　重(%)
诺基亚	19	38
三星	8	16
摩托罗拉	13	26
索爱	5	10
西门子	5	10
合计	50	100

(3) 根据销售数据统计显示,一天内最受欢迎的手机是诺基亚。

3. (1) 以上数据属于量别数据;

(2) 频数分布表见表2:

表2　　月购物金额频数分布表

月购物金额分组(元)	人数	频数%	累计频数%
1 000 ~ 1 300	6	12	12
1 300 ~ 1 600	7	14	26
1 600 ~ 1 900	13	26	52
1 900 ~ 2 200	11	22	74
2 200 ~ 2 500	7	14	88
2 500 ~ 2 800	4	8	96
2 800 ~ 3 100	2	4	100
合计	50	100	

（3）直方图

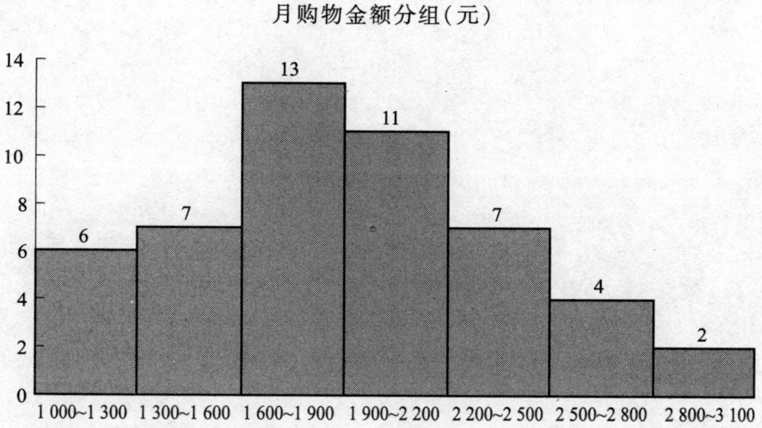
月购物金额分组(元)
14
12
10
8
6
4
2
0
6
7
13
11
7
4
2
1 000~1 300
1 300~1 600
1 600~1 900
1 900~2 200
2 200~2 500
2 500~2 800
2 800~3 100

第二章　量别数据的描述性分析

一、学习目的和要求

了解统计数据的分布特征；熟练掌握各种集中趋势量数的含义和计算方法；熟练掌握各种离散趋势量数的含义和计算方法；了解偏态系数与峰度系数的含义和作用，了解箱索图和茎叶图对数据分布特征的展示作用。

熟练运用统计分析软件（SPSS）对统计数据进行描述性分析。

二、主要概念和内容

（一）统计描述指标的种类

统计描述指标的种类主要包括三大类，即数据的集中趋势指标；数据的离散趋势指标；数据的分布形态指标。

（二）数据的集中趋势指标

数据的集中趋势指标有均值、众数、中位数、分位数等。均值是经过对所有数据计算后得到的中心位置值，使用广泛且对原数据的信息提取最充分，但易受极端值的影响；中位数是将数据按顺序排列处在数据中点的变量值，不易受极端值干扰，比均值稳健，但对原数据提取的信息不够充分；众数是数据中出现频数最多的数值，它与中位数具有共同的特点，即不易受极端值干扰，但对原数据提取的信息也不充分，有些数据甚至不出现众数，众数一般在定性变量描述中用得较多。

（三）数据的离散趋势指标

数据的离散趋势指标有极差（全距）、四分位差、方差、标准差、变异系数。极差（全距）是最简单的也是最粗略的统计量；四分位差是对极差的一种修正；标准差是度量各个数值到均值距离的平均数，是离散指标中使用最多的测度值，其数值越大，表示数据分布越分散，数值越小，表示数据分布越集中；方差是标准差的平方，由于方差和原数据的量纲不同，所以其对数据的评价功能受到限制。在实际工作中，运用最普遍的是标准差，当两个总体的量纲相同、平均水平相同时，可以用标准差比较其数据的聚散程度；但由于标准差是有量纲的,故无法对两个计量单位不同的数列和总体平均不同的数列进行比较,因此,从标准差中剔除均值,得到的比值称为变异系数。

(四) 数据的分布形态指标

数据的分布形态指标包括峰度系数和偏度系数。

(五) 位次指标

变量数列可划分为相等的若干部分的指标,有四分位数、十分位数等。

(六) 箱索图

箱索图是由三个四分位数、极大值、极小值五个主要的位次量数(指标)显示数据分布形态的统计图。

三、难点和重点

描述数据的三大类指标是对数据分布形态的基本描述,是掌握数据分布特点的关键。其中,最重要的是集中趋势指标和离散趋势指标,应该明确认识不同集中趋势指标之间的关系、不同离散趋势指标之间的关系,以及这两类指标之间的关系。

四、练习题

(一) 判断题

1. 变异指标与集中趋势指标成正比。
2. 当一组数据的峰度系数 $\beta=3$ 时,说明该数据呈正态分布。
3. 加权调和平均数是以每组的单位数作为权数的。
4. 箱索图的优点是便于同时比较多组数据的分布特征。
5. 标准分数和标准差都适用于在不同数列中比较观察值偏离中心值的程度。
6. 如果一组数据呈正态分布,则算术平均数的大小不会受极端值的影响。
7. 计算加权算术平均数时,若各组权数相同,权数对算术平均数结果没有影响。
8. 若一组数据的众数大于算术平均数时,该数据呈右偏分布。
9. 当一组数据的分布明显偏斜时,不宜采用算术平均数作为中心趋势的测度值。
10. 一组数据的各个观察值与该组数据的算术平均数的离差平方和等于零。
11. 中位数与众数相同,具有唯一性的特点。
12. 依据组距式分组数据计算的加权算术平均数有时会产生较大的误差。
13. 任一组数据都可以计算算术平均数、众数和中位数三个集中趋势指标。

(二) 单项选择题

1. 集中趋势描述指标中最常用的是(　　)。

A. 算术平均数　B. 几何平均数　C. 众数　D. 中位数

2. 在离中趋势的描述指标中，最容易受极端值影响的是（　　）。

A. 变异系数　B. 方差　C. 全距　D. 标准差

3. 计算交替标志的标准差公式是（　　）。

A. $p+q$　B. $\sqrt{p+q}$　C. $\sqrt{1-p}$　D. $\sqrt{p(1-p)}$

4. 当一组数据呈正态分布时，峰度系数的数值（　　）。

A. 大于 3　B. 小于 3　C. 等于 3　D. 无法确定

5. 当变量数列为左偏分布时，偏斜系数为（　　）。

A. 正值　B. 负值　C. 零　D. 无法确定

6. 用组中值来计算均值时，假定各组变量（　　）。

A. 次数相等　B. 组限是封闭的

C. 在组内均匀分布或对称分布　D. 组中值是整数

7. 两组数据的均值不等，但标准差相等，则（　　）。

A. 均值大的一组数据差异程度大　B. 均值小的一组数据差异程度大

C. 两组数据的差异程度相同　D. 无法对两组数据进行比较

8. 已知甲班学生“统计学”的平均成绩为 86 分，标准差是 12.8 分，乙班学生“统计学”的平均成绩是 90 分，标准差是 10.3 分，下列表述正确的是（　　）。

A. 乙班平均成绩的代表性高于甲班

B. 甲班平均成绩的代表性高于乙班

C. 甲、乙两班平均成绩的代表性相同

D. 甲、乙两班平均成绩的代表性无法比较

9. 对同一变量数列，以不同集中趋势指标为中心计算标准差，标准差数值最小的是（　　）。

A. 以中位数为中心计算的标准差

B. 以算术平均数为中心计算的标准差

C. 以众数为中心计算的标准差

D. 以几何平均数为中心计算的标准差

10. 某地区城镇居民家庭年收入最多的是 7.2 万元，家庭年收入的平均数是 8 万元，该地区家庭年收入的分布为（　　）。

A. 左偏分布　B 右偏分布　C. J 型分布　D. 对称分布

11. 下面哪个统计量可用于判断一组数据中的离群点（　　）。

A. 中位数　B. 平均数　C. 标准差　D. 标准分数

12. 权数对算术平均数的影响取决于(　　)。

A. 权数的总和　　B. 权数的绝对值

C. 权数的平均数　　D. 权数的相对数

13. 加权算术平均数公式 $\bar{x}=\sum xf/\sum f$ 中的权数是(　　)。

A. f　　B. $\sum f$　　C. $f/\sum f$　　D. $\sum x$

14. 有8个工人加工同一种产品。他们某日的产量(台)排序是:4、6、8、9、10、12、14、15,则日产量的中位数是(　　)。

A. 8台　　B. 9.5台　　C. 8.5台　　D. 9台

15. 众数是由变量数列中(　　)。

A. 标志值大小决定的　　B. 极端数值决定的

C. 各组平均水平决定的　　D. 各组次数决定的

16. 平均差和标准差的主要区别是(　　)。

A. 计算结果不同　　B. 经济意义不同

C. 数学处理手段不同　　D. 计算对象不同

根据下面的内容回答问题17-19

某高校阿拉伯语专业2005级有10个学生,一次测验的满分是200分,将分数用茎叶图表示如下:

11	6	8	
12	1	4	8
13	3	7	
14	2	6	
15			
16			
17	9		

17. 下面与茎叶图相对应的数据是(　　)。

A. 所有的介于116和179之间的整数

B. 1,2,3,4,6,6,7,8,8,9

C. 16,18,21,24,28,33,37,42,46,79

D. 116,118,121,124,128,133,137,142,146,179

18. 这个班分数的中位数是(　　)。

A. 130　　B. 130.5　　C. 133　　D. 137

19. 这个班分数的分布呈(　)。

A. 左偏分布　　B. 右偏分布　　C. 对称分布　　D. ABC 都不对

20. 某企业某条生产线早、中、晚三班产品的废品率分别为 1.5%、2%、1%，废品数量的件数分别为 25 件、30 件、45 件，计算早、中、晚三班的平均废品率的公式应为(　　)。

A. $\frac{1.5\% + 2\% + 1\%}{3}$　　B. $\frac{1.5\% + 2\% + 1\%}{25 + 30 + 45}$

C. $\frac{25 + 30 + 45}{\frac{25}{1.5\%} + \frac{30}{2\%} + \frac{45}{1\%}}$　　D. $\sqrt[3]{1.5\% + 2\% + 1\%}$

21. 甲、乙两个小组工人的日产量分别为 50 件和 36 件，如果甲、乙两个小组工人的日产量不变，但甲组工人占两组工人总数的比重下降，则导致两个小组工人总的平均日产量(　　)。

A. 上升　　B. 可能上升也可能下降

C. 不变　　D. 下降

(三) 多项选择题

1. 计算变异系数是为了比较(　　)。

A. 不同变量数列的相对集中趋势

B. 不同变量数列的相对离中趋势

C. 不同变量数列的绝对离中趋势

D. 均值不同的变量数列的相对集中趋势

E. 均值不同的变量数列的相对离中趋势

2. 下列表述正确的是(　　)。

A. 一组数据为正偏分布，皮尔逊偏斜系数为正值

B. 一组数据为负偏分布，皮尔逊偏斜系数为负值

C. 一组数据为对称分布，皮尔逊偏斜系数为零

D. 皮尔逊偏斜系数的绝对值越接近 3，数据分布的偏斜程度越大

E. 皮尔逊偏斜系数的绝对值越接近 0，数据分布的偏斜程度越小

3. 茎叶图包含如下信息(　　)。

A. 变量的原始数据信息　　B. 变量的频数信息

C. 累积频数信息　　D. 数据的分布形态信息

E. 数据的众数信息

4. 不受极端值影响的集中趋势指标有(　　)。

A. 中位数　　B. 众数　　C. 几何平均数　　D. 调和平均数

E. 算术平均数

5. 一组数据的标准差数值越小,说明该组数据的(　　)。

A. 分布远离集中趋势指标　　B. 集中趋势指标具有较高的代表性

C. 分布比较接近集中趋势指标　　D. 集中趋势指标具有较低的代表性

E. 分布呈均匀分布

6. 箱索图是用一组数据的五个顺序统计量来描述数据的分布状况的,这五个统计量是(　　)。

A. 中位数　　B. 众数　　C. 四分位数　　D. 极值

E. 算术平均数

7. 变异系数抽象了(　　)。

A. 总体指标数值多少的影响　　B. 总体单位数多少的影响

C. 标志变动度的影响　　D. 平均水平的影响

E. 计量单位的影响

8. 不同总体间的标准差不能简单地进行比较,是因为(　　)。

A. 计量单位不同　　B. 离差平方之和不同

C. 总体单位数不同　　D. 平均指标不同

E. 标准差不同

9. 关于众数,下列说法正确的有(　　)。

A. 是数据中出现次数最多的标志值　　B. 不受极端数值的影响

C. 是一组数据一般水平的代表值　　D. 对一个变量数列来说不一定存在

E. 是根据所有观测值计算出来的

10. 关于中位数,下列说法正确的有(　　)。

A. 是数据排序后处于中间位置的数值

B. 不受极端数值的影响

C. 是一组数据一般水平的代表值

D. 当数据高度偏斜时能更公允地描述集中趋势

E. 是根据所有标志值计算出来的

(四) 简答题

某种产品需要人工组装,现有三种可供选择的组装方法。为比较哪种方法更好,随机抽取10个工人,让他们分别用三种方法组装。下面是10个工人分别用三种方法在相同时间内组装产品数量的描述统计量(单位:个):

方法1		方法2		方法3	
平均	165.7	平均	129.1	平均	126.5
中位数	165	中位数	129	中位数	126.5
众数	164	众数	129	众数	126
标准差	2.45	标准差	1.20	标准差	0.85
峰值	-0.63	峰值	-0.37	峰值	0.11
偏斜度	0.38	偏斜度	-0.23	偏斜度	0.00
极差	8	极差	4	极差	3
最小值	162	最小值	127	最小值	125
最大值	170	最大值	131	最大值	128

(1) 从统计角度看(即不考虑其他经济因素),你准备采用什么方法来评价组装方法的优劣?试说明理由。

(2) 如果让你选择一种方法,你会作出怎样的选择?试说明理由。

(五) 计算题

1. 下面是总部在北京的上市公司某年末的总股本和每股净资产的有关数据:

股票代码	股票名称	总股本	每股净资产	股票代码	股票名称	总股本	每股净资产
000151	中成股份	29 598	2.79	600118	中国卫星	22 740	1.34
000402	金 融 街	38 313	3.49	600138	中 青 旅	26 700	4.27
000609	燕化高新	12 961	3.25	600161	天坛生物	21 700	2.74
000666	经纬纺机	60 380	3.98	600166	福田汽车	45 670	5.01
000725	京东方 A	97 586	3.83	600176	中国化建	35 616	2.38
000728	北京化二	34 521	2.70	600195	中牧股份	39 000	2.07
000729	燕京啤酒	66 742	5.93	600198	大唐电信	43 899	4.22
000758	中色建设	38 720	2.38	600206	有研硅股	14 500	4.49
000786	北新建材	57 515	2.27	600258	首旅股份	23 140	3.25
000798	中水渔业	25 200	3.02	600263	路桥建设	40 813	3.46
000802	京西旅游	11 625	2.35	600266	北京城建	60 000	2.79
000839	中信国安	66 000	4.21	600270	外运发展	54 878	3.66

续表

股票代码	股票名称	总股本	每股净资产	股票代码	股票名称	总股本	每股净资产
000916	华北高速	109 000	2.64	600271	航天信息	16 200	10.38
000931	中关村	67 485	2.14	600376	天鸿宝业	17 320	3.95
000938	清华紫光	20 608	3.09	600386	北京巴士	25 200	4.81
000959	首钢股份	231 000	2.46	600429	三元股份	63 500	1.48
000969	安泰科技	24 416	4.66	600435	北方天鸟	9 000	5.64
000970	中科三环	23 490	1.78	600485	中创信测	6 832	4.19
600007	中国国贸	80 000	3.00	600511	国药股份	13 300	3.22
600008	首创股份	110 000	3.96	600536	中软股份	10 101	4.47
600011	华能国际	602 767	5.52	600578	京能热电	57 336	2.44
600015	华夏银行	350 000	2.78	600582	天地科技	9 750	4.73
600016	民生银行	370 712	2.15	600588	用友软件	12 000	9.15
600028	中国石化	8 670 244	1.83	600657	青鸟天桥	30 443	2.86
600037	歌华有线	35 100	4.97	600658	兆维科技	16 702	1.64
600050	中国联通	1 969 660	1.98	600723	西单商场	40 972	3.04
600055	万东医疗	11 100	3.45	600855	航天长峰	16 008	1.46
600056	中技贸易	20 856	2.88	600859	王府井	39 297	3.94
600058	五矿发展	55 132	3.82	600860	北人股份	42 200	2.84
600062	双鹤药业	44 108	3.52	600861	北京城乡	40 574	4.18
600085	同仁堂	33 180	4.84	600890	中房股份	48 485	1.46
600100	清华同方	57 461	5.01	600900	长江电力	785 600	2.52

对以上数据进行描述,要求计算下列指标:

(1) 计算每股净资产的集中趋势指标。

(2) 计算每股净资产的离散程度指标。

(3) 计算每股净资产的分布形态指标。

(4) 计算五个位次指标。

(5) 绘制每股净资产的直方图、茎叶图和箱索图。

(6) 判断每股净资产是否存在奇异值。

(7) 描述每股净资产的分布特点。

2. 为了解大学生每月伙食费的支出情况,在北京某高校随机抽取了 250 名学生进行调查,得到样本数据如下:

按月伙食费支出额分组(元)	人数(人)
150 以下	10
150～200	20
200～250	110
250～300	90
300～350	15
350 以上	5
合计	250

根据表中的样本数据，

(1) 计算大学生每月伙食费的算术平均数、中位数、众数。

(2) 计算大学生每月伙食费的标准差。

(3) 计算大学生每月伙食费的 α 偏斜系数、峰度系数。

(4) 说明大学生每月伙食费分布的特点。

3. 某公司职工收入情况如下：

按收入额分组(元)	职工数(人)
4 000 以下	2
4 000～5 000	7
5 000～6 000	9
6 000～7 000	7
7 000～8 000	5
合计	30

根据表中的样本数据，

(1) 计算该公司职工的月收入的算术平均数、中位数、众数。

(2) 计算该公司职工的月收入的标准差。

(3) 计算该公司职工的月收入的 α 偏度系数、峰度系数。

(4) 说明该公司职工月收入分布的特点。

四、参考答案

(一) 判断题

1. ×　2. √　3. ×　4. √　5. ×　6. ×　7. √　8. ×　9. √　10. √　11. ×

12. √　13. ×

(二) 单项选择题

1. A　2. C　3. D　4. C　5. B　6. C　7. B　8. A　9. B　10. B　11. D　12. D　13. C　14. B　15. D　16. C　17. D　18. B　19. B　20. C　21. D

(三) 多项选择题

1. BE　2. ABCDE　3. ABCDE　4. AB　5. BC　6. ACD　7. DE　8. AD　9. ABCD　10. ABCD

(四) 简答题

(1)由于三种方法的平均水平不一样,应该用变异系数进行比较,方法1的变异系数为67.63,方法2的变异系数为107.58,方法3的变异系数为148.82。

(2)应该选择方法1,因为方法1的变异系数最小。

(五) 计算题

1.(1) 平均值为3.51;中位数为3.25;众数为3.10;

(2) 全距为9.04;标准差为1.60;变异系数为0.34;

(3) 偏斜系数为1.92,峰度系数为6.12;

(4) 第一四分位数为2.45;第二四分位数为3.25;第三四分位数为4.21;极大值为10.38;极小值为1.34;

(5) 直方图、茎叶图和箱索图图形如下:

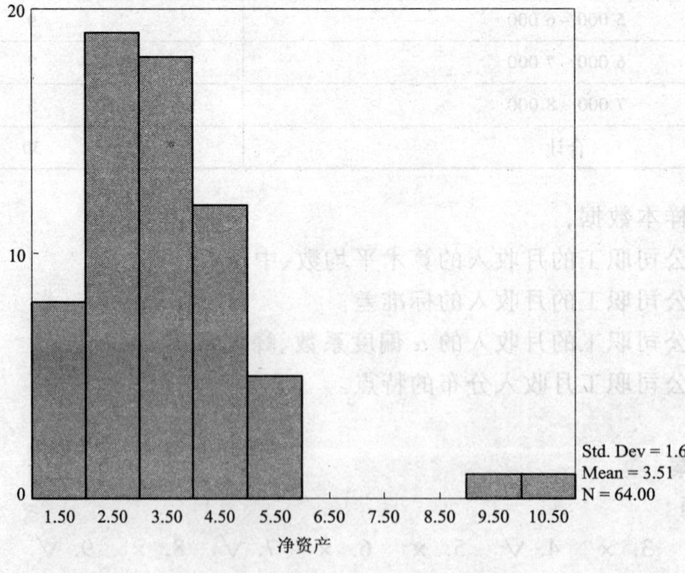

净资产的茎叶图

Frequency	Stem &	Leaf
4.00	1.	3444
4.00	1.	6789
9.00	2.	011233344
10.00	2.	5677777888
10.00	3.	0000222444
8.00	3.	56889999
7.00	4.	1122244
5.00	4.	67889
2.00	5.	00
3.00	5.	569
2.00 Extremes		(> =9.2)

Stem width:　　1.00

Each leaf:　　1 case(s)

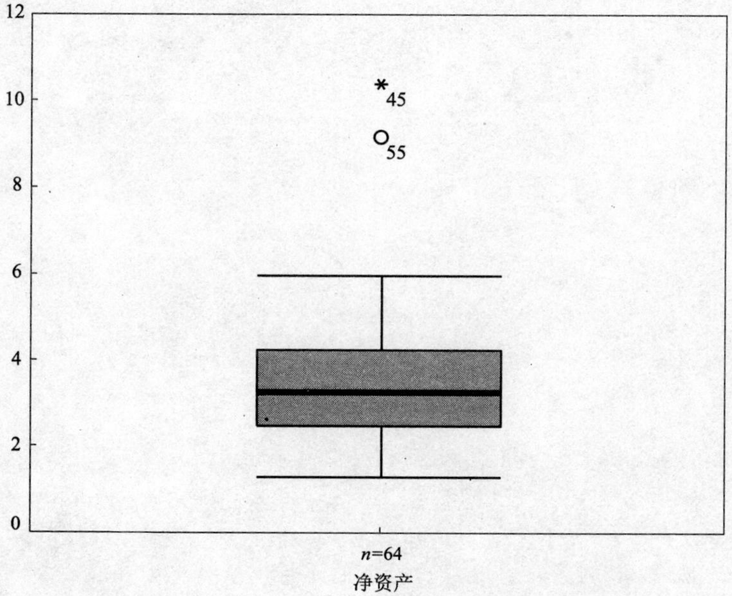

（6）有两个数值远离总体分布，一个是在 Q3 + 1.5Qr 之外（内外栏之间）的用友软

件(用圆圈表示),一个是 Q3 + 3Qr 之外(外栏)的航天信息(用星号表示)。

(7) 属正偏、尖峰分布。

2. (1) 算术平均数 = 244,中位数 = 225,众数 = 225;

(2) 标准差 = 46.88;

(3) α 偏斜系数 = −0.90,峰度系数 = 0.945;

(4) 数据呈负偏、尖峰分布。

3. (1) 算术平均数 = 5 700,中位数 = 5 500,众数 = 5 500;

(2) 标准差 = 1 186.13;

(3) α 偏斜系数 = −0.16,峰度系数 = −0.836;

(4) 数据呈负偏、平顶分布。

第三章　概率与概率分布

一、学习目的和要求

掌握概率的基础概念和计算方法；掌握随机变量和概率分布的概念；熟悉常用的几种离散型概率分布及其计算方法；掌握正态分布及其有关计算。

二、主要概念和内容

（一）随机现象和概率

事物发展的结果事先不能确定的现象，称为随机现象。随机现象可能出现的不同结果称为随机事件，简称为事件。随机事件出现的可能性称为概率，概率是一个介于0～1之间的数字。

（二）随机试验与样本空间

相同条件下重复对某种随机现象进行观察的过程称为随机试验。随机试验的结果称随机事件，随机事件的所有可能事件的全体，称作样本空间（sample space），记作 S，即 $S=\{e_1,e_2,\cdots,e_n\}$。

（三）古典概率（事件 A）的概率计算公式

$$\mathrm{P(A)}=\frac{\text{事件 A 所包含的基本事件个数}(\mathrm{n_A})}{\text{样本空间 S 所包含的基本事件个数}(\mathrm{n})}$$

（四）相对频数概率（客观概率）的计算公式

$$P(A)=\frac{A\text{ 事件出现的次数}(m)}{\text{重复试验次数}(n)}$$

（五）概率的加法规则

1. 概率的加法

合并事件 $A+B$ 的概率。合并事件概率的计算公式为：

$$P(A+B)=P(A)+P(B)-P(AB)$$

2. 条件概率的计算公式

$$P(A|B)=\frac{P(AB)}{P(B)}$$

3. 概率的乘法规则

交叉事件出现概率,即计算 $P(AB)$ 的概率,公式为:

$$P(AB)=P(A)P(B|A) \text{ 或 } P(AB)=P(B)P(A|B)$$

(六) 概率分布

随机变量取不同数值发生的可能性,称作概率分布。概率分布可以用表格、图形或公式来表示。

(七) 随机变量的数学期望和方差

1. 随机变量的数学期望

随机变量 x 的期望值是 x 的所有可能取值的加权算术平均数,记为 $E(x)$,其权数就是 x 取值的概率,即

$$\bar{x}=E(x)=\frac{\sum x\cdot P(x)}{\sum P(x)} \text{或} \bar{x}=E(x)=\sum x\cdot P(x)$$

2. 随机变量的方差

变量与期望值差距平方和的期望值,记为 $V(x)$,即

$$V(x)=\sigma^2=E(x-\bar{x})^2 \text{或} V(x)=\sigma^2=E(x^2)-[E(x)]^2$$

(八) 二项分布的期望、方差和标准差

1. 二项分布的期望 $E(x)=n\pi$

2. 二项分布的方差 $V(x)=n\pi(1-\pi)$

3. 二项分布的标准差为 $\sigma=\sqrt{V(x)}=\sqrt{n\pi(1-\pi)}$

(九) 标准正态分布

平均数 $\mu=0$,标准差等于 1,即 $N\sim(0,1)$。

三、重点和难点

本章主要是为了给统计推断打基础,学习时主要掌握统计推断常用的二项分布和正态分布。

四、练习题

1. 写出下列各种情况的样本空间,并指出哪些是离散型的,哪些是连续型的。

(1) 北京切诺基吉普车公司的年利税额。

(2) 人类能够去其他星系旅行之前的年数。

（3）从 A,B,C,D 四个翻译人员中，抽选两人分别去两个展销订货会从事翻译工作。

（4）东京外汇市场上每天的日元对美元的汇率。

（5）某公司可以采用三种方式做其产品的广告，且其经营的产品有四种价格策略。用(x,y)表示可能的结果，如(2,3)表示第二种广告形式，第三种价格策略。

2. 下列事件是否为① 互相排斥事件，② 对立事件：

（1）股票市场中股票价格上升与价格下降。

（2）政府提高农副产品的收购价格与副食品消费价格的上涨。

（3）抛掷两枚硬币，出现"两个正面"与出现"两个背面"。

（4）企业产品的内销与外销。

3. 某工商管理学院的管理系有 500 名学生，某学期进修不同课程的情况如下：

100 人修管理原理 A

200 人修会计学 B

150 人修财务管理 C

50 人修管理原理和会计学

40 人修管理原理和财务管理

20 人修会计学和财务管理

10 人修管理原理、会计学和财务管理

随机抽选一名学生，求下列概率：

（1）没有进修上述三门课程的概率。

（2）$P(AB)$，$P(A+B)$。

（3）$P(A+B+C)$。

4. 某证券交易所的股票按收益率大小分成 1 ~ 5 五个等级，按风险情况分成 1 ~ 3 三个等级。

（1）用交叉概率表表示每一种股票所可能出现的不同交叉等级状态。

（2）如果每种股票所可能出现的可能性是相同的，求每种交叉等级状态事件的概率。

（3）求概率 P(收益率等级 <4 或风险等级 <3)。

（4）根据交叉概率表求概率 P(收益率等级 <4 且风险等级 <3)。

5. 某服装企业生产男装和女装两种服装，两种服装有外销的，也有内销的。如果随机抽选一件服装，结果用下列符号表示：

A_1——男士服装，A_2——女式服装，B_1——外销服装，B_2——内销服装

用文字说明下列概率的内容：

（1）$P(A_1)$　　（2）$P(A_1B_1)$　　（3）$P(A_2+B_2)$

(4) $P(A_2|B_1)$ (5) $P(A_2|B_2)$ (6) $P(B_1|A_2)$

6. 按题5的符号,如果该服装厂总共生产了15 000件服装(其中男士服装6 000件),出口了8 000件(其中女士服装5 000件),根据这些数据计算题5中各小题的概率并列出联合概率表。

7. 由某企业人事部门的资料整理得到下面有关职工年龄和性别的交叉概率分布:

性别	年龄			
	年龄≤30 B_1	30<年龄≤50 B_2	年龄>50 B_3	边缘概率
男性 A_1	0.18	0.30	0.12	0.60
女性 A_2	0.12	0.10	0.18	0.40
边缘概率	0.30	0.40	0.30	1.00

(1) 随机抽选一名职工,其年龄不超过30岁且是女性的概率有多大?

(2) 验证事件 A_1 = {男性} 和 B_1 = {年龄不超过30岁} 的独立性。

(3) 用上述交叉概率表计算 P(年龄≤50的女性)。

(4) 计算 P(女性或年龄超过50岁)。

8. 某汽车制造厂使用三个电池厂供应的蓄电池,用 E_1, E_2, E_3 分别表示三个电池厂生产的电池,其供应量分别为500,2 000,1 500。用 D 表示不合格电池,已知三个厂生产的电池的不合格品的概率分别为:$P(D|E_1)=0.020$,$P(D|E_2)=0.015$,$P(D|E_3)=0.030$。

(1) 在一批到货中随机抽选一个电池,问其为不合格品的概率是多少?

(2) 抽选一个电池,经测试是不合格品。如果以这个电池作为来自同一厂家的代表,问这批电池分别是三个不同厂家生产的概率有多大?

9. 对200名不同文化程度的读者进行调查,请他们指出所喜欢的杂志类型,结果如下表:

杂志类型	文化程度			
	小学(A_1)	高中(A_2)	大学(A_3)	合计
体育(B_1)	20	50	30	100
电影(B_2)	20	20	20	60
文摘(B_3)	20	10	10	40
合计	60	80	60	200

（1）将上表中的数据转换成交叉概率表。

（2）用教材中的公式（3.17）计算边缘概率 $P(B_1)$。

（3）用贝叶斯公式计算后验概率 $P(A_1|B_1)$。

10. 设有3个盒子，每个盒子放2个小球，第一个盒子放的是2个红球，第二个放的是1红1白，第三个放的是2个白球。现在把盒子都盖上，随机抽取1个盒子，并从中取出1个球。如果这个球是红的，问剩下的1个球是红的可能性大还是白的可能性大，还是不相上下？应用贝叶斯公式计算并加以说明。

11. 从10个企业中抽取两个企业进行两项调查，即职工福利和企业利税情况。

（1）如果两个企业分别只进行一项调查，有多少种不同的安排方法？

（2）如果对两个企业中的一个进行两项调查，另一个进行一项调查，有多少种不同的安排方法？

（3）如果两个企业都进行两项调查，有多少种不同的方法？

（4）如果允许同一企业被重复抽中，且抽中的企业必须进行两项调查，有多少种抽法？

12. 参照二项分布表中的参数 $n=9, p=0.3$ 的数据，

（1）做出概率分布图，观察其是左偏还是右偏。

（2）用公式计算 $P(x=5)$ 和 $P(x\geqslant7)$。

（3）求此二项分布的期望值和标准差。

13. 某市区有25 455家注册个体企业。税务部门根据近两年的情况认为有10%的个体企业存在偷漏税行为，最近审计人员决定对个体企业的销售发票采取抽样的方法进行调查，以了解有关情况，他们抽查了150户，

（1）总体25 455家个体企业中，估计有多少家存在偷漏税行为？

（2）如果平均漏税额为750元，估计漏税总额为多少？

（3）用公式表示 $P(x\geqslant23)$，其中 x 表示抽样150家个体企业中有漏税行为的个数。

（4）求 $E(x)$ 和 σ。

14. 某旧货店处理一批晶体管，外表无差别，但可使用的只占15%。卖主只能随机抽取，不得挑选。设处理价为每元5个，其中可用的每个值1.6元，废品值0元。

（1）计算并列出购买5个中可用个数 x 的概率分布表，并指出其是何种概率分布。

（2）求 x 概率分布的期望值和标准差。

（3）列出购买5个晶体管损益值的期望值，并说明该批处理品是否值得购买。

15. 某省一汽车销售中心销售20种不同型号的国产和进口小轿车，其中10种是现

货交易,而另外 10 种是期货交易。

(1) 如果从中随机抽选了 8 种,按超几何公式求其中有 6 种是期货交易的概率。

(2) 用二项分布公式求上述概率,问计算结果作为超几何分布公式计算的近似值是否合适?为什么?

16. 一批针织外衣中一等品有 800 件,二等品有 150 件,等外品 50 件。若随机抽取 30 件,其中有一等品 20 件、二等品 5 件、外等品 5 件的概率是多少?

17. 某邮局开展邮政储蓄业务。业务人员经过一段时期的记录和观察,发现每天 16:00 ~ 18:00 这段营业时间内,平均每小时有 5 名顾客来办理邮政储蓄业务。设来邮局办理该项业务的顾客人数服从普哇松分布。

(1) 求每小时有 3 名顾客来办理邮政储蓄业务的概率。

(2) 求每小时有不少于 5 人的概率。

18. 某印刷厂排版的 32 开的教科书中每页出错字数服从普哇松分布,平均数为 0.5。

(1) 求在一页中差错不超过 3 个的概率。

(2) 求在一页中差错超过 5 个的概率。

(3) 若每页中出现差错的个数相互独立,求 10 页中差错数超过 5 个的概率,求每 10 页中差错数的期望值和标准差。

19. 查"标准正态分布表",确定下列未知数的值:

(1) $x = P(0 \leqslant z \leqslant 1.89)$

(2) $x = P(-1 \leqslant z \leqslant 2.5)$

(3) $x = P(0 < z < 3.15)$

(4) $x = P(-3.15 \leqslant z \leqslant 0)$

(5) $P(-x \leqslant z \leqslant 0) + P(0 \leqslant z \leqslant x) = 0.9000$

(6) $P(-x \leqslant z \leqslant 0) + P(0 \leqslant z \leqslant x) = 0.9500$

(7) $P(-x \leqslant z \leqslant 0) + P(0 \leqslant z \leqslant x) = 0.9900$

20. 一批出口的冷冻兔肉,其每箱净重服从平均数为 20 公斤,标准差是 0.5 公斤的正态分布。随机抽取一箱,求出下列概率:

(1) 净重在 19.8 至 20 公斤的概率。

(2) 净重不超过 19.9 公斤的概率。

(3) 净重超过 20.15 公斤的概率。

(4) 净重在 19.85 至 20.05 公斤的概率。

(5) 净重在 20.05 至 20.25 公斤的概率。

21. 某外贸仓库的统计人员对 600 份进货报告单进行了审核,发现有 30 份存在问题，需要向制单人查问。如果从这600份进货单中随机抽出100份，其中有10份存在疑点的概率是多少？

（1）按二项分布列出所要求的概率的计算公式。

（2）用正态分布对要求的概率作近似计算。（要求进行连续性校正）

22. 按题13.（3）中公式所表示的概率 $P(x\geqslant 23)$，用正态分布求此概率的近似值，并由计算结果回答，若抽查的150户中有23户存在漏税行为，可否对10%的比率提出怀疑。

23. 出口的小汽车轮胎，充气后可以维持行驶的公里数服从平均数为750公里（即平均行驶750公里才需要重新充气），标准差为40公里的正态分布。一辆小汽车装配四个轮胎，其中有一个或一个以上轮胎充气不足就不能继续行驶。问一辆汽车的四个轮胎充气后能行驶不少于700公里的概率是多少？

五、参考答案

1.（1）$S=\{x\geqslant 0\}$，连续型。

（2）$S=\{0,1,2,3,\cdots\}$，离散型。

（3）$S=\{AB, BA, AC, CA, AD, DA, BC, CB, BD, DB, CD, CD\}$，离散型。

（4）$S=\{x>0\}$，连续型。

（5）$S=\{(1,1)(1,2)(1,3)(1,4)(2,1)(2,2)(2,3)(2,4)(3,1)(3,2)(3,3)(3,4)\}$，离散型。

2. 定义解释：① 互相排斥事件：$AB=\Phi$

② 对立事件：$AB=\Phi$ 且 $A+B=S$

设题中所给的两个事件为 A 和 B。

（1）$S=\{$股价上升，股价下降，股价不变$\}$

$AB=\Phi$，但 $A+B\neq S$，故两事件为互斥事件。

（2）$AB\neq\Phi$ 且 $A+B=S$，故两事件既不是互斥事件也不是对立事件。

（3）$S=\{$正正，正背，背正，背背$\}$

$AB=\Phi$，但 $A+B\neq S$，故两事件为互斥事件。

（4）企业的产品可同时内销、外销。

企业的产品不可能既内销又外销，即 $AB=\Phi$，企业的产品不内销必外销，即 $A+B=S$；故两事件为对立事件。

3. 选修各种课程的概率如下：

100人修管理原理 A，即 $P(A)=\dfrac{100}{500}=0.2$

200 人修会计学 B,即 $P(B)=\frac{100}{500}=0.4$

150 人修财务管理 C,即 $P(C)=\frac{150}{500}=0.3$

50 人修管理原理和会计学,即 $P(AB)=\frac{50}{500}=0.1$

40 人修管理原理和财务管理,即 $P(AC)=\frac{40}{500}=0.08$

20 人修会计学和财务管理,即 $P(BC)=\frac{20}{500}=0.04$

10 人修管理原理、会计学和财务管理,即 $P(ABC)=\frac{10}{500}=0.02$

则(1)$P(\overline{A+B+C})$

$=1-P(A+B+C)$

$=1-[P(A)+P(B)+P(C)-P(AB)-P(AC)-P(BC)+P(ABC)]$

$=1-[0.2+0.4+0.3-0.1-0.08-0.04+0.02]$

$=0.3$

(2) $P(A+B)$

$=P(A)+P(B)-P(AB)$

$=0.2+0.4-0.1$

$=0.5$

(3) $P(A+B+C)$

$=1-P(\overline{A+B+C})$

$=1-0.3$

$=0.7$

4. (1)

	风险 1	风险 2	风险 3
收益率 1	收益率 1 风险 1	收益率 1 风险 2	收益率 1 风险 3
收益率 2	收益率 2 风险 1	收益率 2 风险 2	收益率 2 风险 3
收益率 3	收益率 3 风险 1	收益率 3 风险 2	收益率 3 风险 3
收益率 4	收益率 4 风险 1	收益率 4 风险 2	收益率 4 风险 3
收益率 5	收益率 5 风险 1	收益率 5 风险 2	收益率 5 风险 3

(2) 交叉等级状态事件发生的可能性相同。样本空间基本事件总数 $n=3\times5=15$，故每个基本事件发生的概率：$P(\omega)=1/15$。

	风险 1	风险 2	风险 3
收益率 1	1/15	1/15	1/15
收益率 2	1/15	1/15	1/15
收益率 3	1/15	1/15	1/15
收益率 4	1/15	1/15	1/15
收益率 5	1/15	1/15	1/15

(3) 设事件 A =“收益率等级 <4”，B =“风险等级 <3”，

$$P(A+B)=P(A)+P(B)-P(AB)=\frac{9}{15}+\frac{10}{15}-\frac{6}{15}=\frac{13}{15}$$

(4) 收益率等级 <4 的共 3 个，风险等级 <3 的共 2 个；故同时满足上述要求的为 $2\times3=6$ 个。

$$P(AB)=\frac{1}{15}\times6=\frac{6}{15}$$

5. **解**：(1) $P(A_1)$：事件“抽选到男士服装”发生的概率。

(2) $P(A_1B_1)$：事件“抽选到男士的外销服装”发生的概率。

(3) $P(A_2+B_2)$：事件“抽选到女士服装或内销服装”发生的概率。

(4) $P(A_2|B_1)$：事件“从外销服装中抽选到女士服装”发生的概率。

(5) $P(A_2|B_2)$：事件“从内销服装中抽选到女士服装”发生的概率。

(6) $P(B_1|A_2)$：事件“从女士服装中抽选到外销服装”发生的概率。

6. 按题 5 的符号，如果该服装厂总共生产了 15 000 件服装（其中男士服装 6 000 件），出口了 8 000 件（其中女士服装 5 000 件），根据这些数据计算题 5 中各小题的概率并列出联合概率表。

解：共生产了 15 000 件服装，其中男士服装 6 000 件，故女式服装为 9 000 件。出口了 8 000 件，故内销 7 000 件；出口女士服装 5 000 件，故出口男士服装 3 000 件。女式服装为 9 000 件，出口女士服装 5 000 件，故内销女士服装 4 000 件。共内销 7 000 件，故内销男士服装 3 000 件。

(1) 共生产了 15 000 件服装，其中男士服装 6 000 件，$P(A_1)=\frac{6\,000}{15\,000}=\frac{6}{15}$

(2) 共生产了 15 000 件服装，出口男士服装 3 000 件，$P(A_1B_1)=\frac{3\,000}{15\,000}=\frac{3}{15}$

(3) $P(A_2+B_2)=P(A_2)+P(B_2)-P(A_2B_2)=\frac{9\ 000}{15\ 000}+\frac{7\ 000}{15\ 000}-\frac{4\ 000}{15\ 000}=\frac{12}{15}$

(4) 共出口 8 000 件服装,其中女士服装 5 000 件,$P(A_2|B_1)=\frac{5\ 000}{8\ 000}=\frac{5}{8}$

(5) 共内销 7 000 件服装,其中女士服装 4 000 件,$P(A_2|B_2)=\frac{4\ 000}{7\ 000}=\frac{4}{7}$

(6) 共生产女士服装 9 000 件,其中出口 5 000 件,$P(B_1|A_2)=\frac{5\ 000}{9\ 000}=\frac{5}{9}$

联合概率表

	男士服装 A_1	女式服装 A_2	边缘概率
外销 B_1	3/15	5/15	8/15
内销 B_2	3/15	4/15	7/15
边缘概率	6/15	9/15	1

7. **解**:(1) 由交叉概率表查得:$P(A_1B_1)=0.18$

(2) $P(A_1B_1)=0.18, P(A_1)P(B_1)=0.6\times 0.30=0.18$

$P(A_1B_1)=P(A_1)P(B_1)$,故事件 A_1 与 B_1 相互独立。

(3) 因为 A_2B_1 与 A_2B_2 互不相容。所以:

$P(A_2B_1+A_2B_2)=P(A_2B_1)+P(A_2B_2)=0.12+0.10=0.22$

(4) $P(A_2+B_3)=P(A_2)+P(B_3)-P(A_2B_3)=0.4+0.30-0.18=0.52$

8. **解**:(1) $P(E_1)=\frac{500}{4\ 000}=0.125, P(E_2)=\frac{2\ 000}{4\ 000}=0.5, P(E_3)=\frac{1\ 500}{4\ 000}=0.375$

由于 E_1,E_2,E_3 是互斥事件,且 $E_1+E_2+E_3=S$,故由全概率公式:

$$\begin{aligned}P(D)&=P(E_1D+E_2D+E_3D)\\&=P(E_1D)+P(E_2D)+P(E_3D)\\&=P(E_1)\cdot P(D|E_1)+P(E_2)\cdot P(D|E_2)+P(E_3)\cdot P(D|E_3)\\&=0.125\times 0.02+0.5\times 0.015+0.375\times 0.03\\&=0.021\ 25\end{aligned}$$

(2) 由贝叶斯公式:

$$P(E_1|D)=\frac{P(E_1D)}{P(D)}=\frac{P(E_1)\cdot P(D|E_1)}{P(D)}=\frac{0.125\times 0.02}{0.021\ 25}=0.117\ 6$$

$$P(E_2|D)=\frac{P(E_2D)}{P(D)}=\frac{P(E_2)\cdot P(D|E_2)}{P(D)}=\frac{0.5\times 0.015}{0.021\ 25}=0.352\ 9$$

$$P(E_3|D)=\frac{P(E_3D)}{P(D)}=\frac{P(E_3)\cdot P(D|E_3)}{P(D)}=\frac{0.375\times0.03}{0.02125}=0.5294$$

9. **解**:(1) 交叉概率表

杂志类型	文化程度			
	小学(A_1)	高中(A_2)	大学(A_3)	边缘概率
体育(B_1)	0.1	0.25	0.15	0.5
电影(B_2)	0.1	0.1	0.1	0.3
文摘(B_3)	0.1	0.05	0.05	0.2
边缘概率	0.3	0.4	0.3	1

(2) 由于事件 A_1,A_2,A_3 互斥,且 $A_1+A_2+A_3=S$,故:

$$P(B_1)=P(A_1B_1)+P(A_2B_1)+P(A_3B_1)=0.1+0.25+0.15=0.5$$

(3) $P(A_1|B_1)=\dfrac{P(A_1B_1)}{P(B_1)}=\dfrac{0.1}{0.5}=0.2$

10. **解**:设事件 A_i="抽到第 i 个盒子",$i=1,2,3$; B_j="第 j 次抽到红球",$\overline{B_j}$="第 j 次抽到白球",$j=1,2$。则:

$$P(A_1)=P(A_2)=P(A_3)=\frac{1}{3}$$

$$P(B_1|A_1)=1,P(B_1|A_2)=0.5,P(B_1|A_3)=0$$

$$\begin{aligned}P(B_1)&=P(A_1B_1)+P(A_2B_1)+P(A_3B_1)\\&=P(A_1)P(B_1|A_1)+P(A_2)P(B_1|A_2)+P(A_3)P(B_1|A_3)\\&=\frac{1}{3}\times1+\frac{1}{3}\times\frac{1}{2}+\frac{1}{3}\times0\\&=\frac{1}{2}\end{aligned}$$

由贝叶斯公式:

$$P(A_1|B_1)=\frac{P(A_1)P(B_1|A_1)}{P(B_1)}=\frac{1/3}{1/2}=\frac{2}{3}$$

$$P(A_2|B_1)=\frac{P(A_2)P(B_1|A_2)}{P(B_1)}=\frac{1/6}{1/2}=\frac{1}{3}$$

$$P(A_3|B_1)=0$$

而$P(B_2|B_1)=P(A_1|B_1)=\dfrac{2}{3}$

$$P(\overline{B}_2 | B_1) = P(A_2 | B_1) = \frac{1}{3}$$

所以,剩下的球是红球的可能性大。

此题也可以简单求解:设第一个盒子中的两个红球分别为 R_1 和 R_2,第二个盒子中的红球为 R_3。在第一次抽到红球的条件下,抽到 R_1、R_2 或 R_3 的概率都为1/3。而第一次抽到 R_1 或 R_2 时,盒中剩下的都为红球,概率分别为1/3,共2/3。而第一次抽到 R_3 时盒中剩下的为白球,概率为1/3。故剩下红球的概率大。

11. **解**:(1) 10取2的组合为 C_{10}^2;对两个企业中的两个项目分别只进行一项调查共 2^2 种安排方法,故安排方法为:$C_{10}^2 2^2 = \frac{10 \times 9}{1 \times 2} \times 4 = 180$。

(2) 10取2的组合为 C_{10}^2;两个企业中的两个项目,对其中一个企业进行两项调查,而对另一个企业进行一项调查,共 $C_2^1 \times 2$ 种安排方法,故安排方法为:

$$C_{10}^2 \times C_2^1 \times 2 = \frac{10 \times 9}{1 \times 2} \times 2 \times 2 = 180。$$

(3) 10取2的组合为 C_{10}^2;对两个企业中的两个项目都进行两项调查只有一种安排方法,故安排方法为:$C_{10}^2 = \frac{10 \cdot 9}{2 \cdot 1} = 45$。

(4) 10取2的可重复排列数为 $10^2 = 100$,但是与调查两个企业没有顺序关系,故安排方法为100/2=50种。

12. **解**:(1) $P(x = k) = C_9^k (0.3)^k (0.7)^{9-k}, k = 0, 1, \cdots, 9$。

x	0	1	2	3	4
P_k	0.040 4	0.155 6	0.266 8	0.172 0	0.073 5
x	5	6	7	8	9
P_k	0.021 0	0.003 9	0.000 1	0.000 0	0.000 0

此概率分布图是右偏的。

(2) $P(x=5) = C_9^5 \cdot (0.3)^5 \cdot (0.7)^4 = C_9^4 (0.3)^5 (0.7)^4$

$$= \frac{9 \times 8 \times 7 \times 6}{1 \times 2 \times 3 \times 4} (0.3)^5 (0.7)^4 = 0.073\,5$$

$$P(x \geqslant 7) = P(x=7) + P(x=8) + P(x=9)$$
$$= C_9^2 (0.3)^7 (0.7)^2 + C_9^1 (0.3)^8 (0.7)^1 + C_9^0 (0.3)^9 (0.7)^0$$
$$= 0.004\,3$$

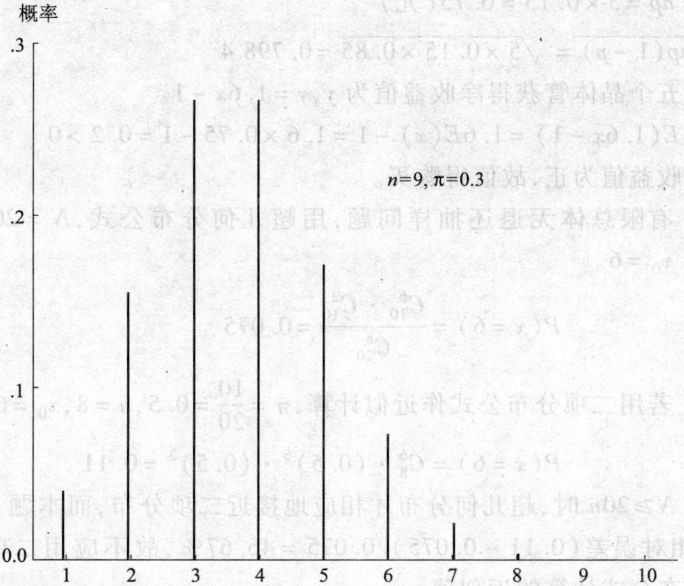

(3) 因为 $x \sim b(9, 0.3)$,所以,

$E(x) = np = 9 \times 0.3 = 2.7$

$\sigma = \sqrt{np(1-p)} = \sqrt{9 \times 0.3 \times 0.7} = 1.374\ 8$

13. **解**:(1) $25\ 455 \times 10\% = 2\ 545.5 \approx 2\ 546$(家)

(2) $750 \times 2\ 545.5 = 1.91 \times 10^6$(元)

(3) x 服从 $n = 150, p = 0.1$ 的二项分布。

$$P(x \geqslant 23) = \sum_{k=23}^{150} C_{150}^{k} \cdot (0.1)^{k} \cdot (0.9)^{150-k}$$

(4) $E(x) = np = 150 \times 0.1 = 15$

$\sigma = \sqrt{np(1-p)} = \sqrt{150 \times 0.1 \times 0.9} = 3.674\ 2$

14. **解**:(1) 由于每次抽取的结果只有"可用"和"不可用"两种情况,且各次抽取相互独立,故"抽取 5 个中的可用个数 x"服从二项分布。

$x \sim b(5, 0.15)$, $P(x = k) = C_5^k (0.15)^k (0.85)^{5-k}$, $k = 0, 1, \cdots, 5$。

x	0	1	2	3	4	5
p	0.443 7	0.391 5	0.138 2	0.024 4	0.002 1	0.000 1

(2) $E(x)=np=5\times0.15=0.75$(元)

$\sigma=\sqrt{np(1-p)}=\sqrt{5\times0.15\times0.85}=0.798\ 4$

(3) 设购买五个晶体管获得净收益值为 y,$y=1.6x-1$。

$E(t)=E(1.6x-1)=1.6E(x)-1=1.6\times0.75-1=0.2>0$

净收益值为正,故值得购买。

15. **解**:(1) 有限总体无退还抽样问题,用超几何分布公式,$N=20,k=10,n=8$,$x_0=6$。

$$P(x=6)=\frac{C_{10}^{6}\cdot C_{10}^{2}}{C_{20}^{8}}=0.075$$

(2) 若用二项分布公式作近似计算,$\pi=\frac{10}{20}=0.5,n=8,x_0=6$。

$$P(x=6)=C_8^6\cdot(0.5)^6\cdot(0.5)^2=0.11$$

由于只有当 $N\geqslant20n$ 时,超几何分布才相应地接近二项分布,而本题 $N=20,n=8$,显然不满足条件,相对误差 $(0.11-0.075)/0.075=46.67\%$,故不应用二项分布的计算结果作为超几何分布公式计算的近似值。

16. **解**:(1) $P(x=1|\lambda=0.7)=Q(1,0.7)-Q(0,0.7)=0.844\ 2-0.496\ 6=0.347\ 6$

(2) $P(x=3|\lambda=2)=Q(3,2)-Q(2,2)=0.857\ 1-0.676\ 7=0.180\ 4$

(3) $P(x\leqslant3|\lambda=0.5)=Q(3,0.5)=0.998\ 2$

(4) $P(x>5|\lambda=2)=1-P(x\leqslant5|\lambda=2)=1-Q(5,2)=1-0.983\ 4=0.016\ 6$

17. **解**:设平均每小时来邮局办理该项业务的顾客人数为 x,由题意,$x\sim q(5)$。

(1) $P(x=3|\lambda=5)$

$=P(x\leqslant3|\lambda=5)-P(x\leqslant2|\lambda=5)$

$=Q(3,5)-Q(2,5)$

$=0.265\ 0-0.124\ 7$

$=0.140\ 3$

(2) $P(x\geqslant5|\lambda=5)=1-P(x\leqslant4|\lambda=5)=1-Q(4,5)=1-0.440\ 5=0.559\ 5$

18. **解**:设每页出错字数为 x,由题意,$x\sim q(0.5)$。

(1) $P(x\leqslant3|\lambda=0.5)=Q(3,0.5)=0.998\ 2$

(2) $P(x>5|\lambda=0.5)=1-P(x\leqslant5|\lambda=0.5)=1-Q(5,0.5)=1-1.000\ 0=0$

(3) 设每 10 页出错字数为 y, $y=10x$,$E(y)=E(10x)=10$,$E(x)=10\times0.5=5$, $y\sim q(5)$。

$P(y>5\mid\lambda=5)=1-P(y\leqslant5\mid\lambda=5)=1-Q(5,5)=1-0.6160=$
0.3840

$E(y)=D(y)=\lambda=5$

19. **解**:(1) $x=P(0\leqslant z\leqslant1.89)=0.4706$

(2) $x=P(-1\leqslant z\leqslant2.5)$

$=P(-1\leqslant z\leqslant0)+P(0\leqslant z\leqslant2.5)$

$=P(0\leqslant z\leqslant1)+P(0\leqslant z\leqslant2.5)$

$=0.3413+0.4938$

$=0.8351$

(3) $x=P(0<z<3.15)=0.4992$

(4) $x=P(-3.15\leqslant z\leqslant0)=P(0\leqslant z\leqslant3.15)=0.4992$

(5) $P(-x\leqslant z\leqslant0)+P(0\leqslant z\leqslant x)=2P(0\leqslant z\leqslant x)=0.9000$

故 $P(0\leqslant z\leqslant x)=0.4500$,反查正态分布表得:$x=1.645$

(6) $P(-x\leqslant z\leqslant0)+P(0\leqslant z\leqslant x)=2P(0\leqslant z\leqslant x)=0.9500$

故 $P(0\leqslant z\leqslant x)=0.4750$,反查正态分布表得:$x=1.96$

(7) $P(-x\leqslant z\leqslant0)+P(0\leqslant z\leqslant x)=2P(0\leqslant z\leqslant x)=0.9900$

故 $P(0\leqslant z\leqslant x)=0.4950$,反查正态分布表得:$x=2.576$

20. **解**:设每箱冷冻兔肉的重量为 x,由题意,$x\sim N(20,0.5)$。

(1) $P(19.8<x<20)$

$=P\left(\frac{19.8-20}{0.5}<\frac{x-20}{0.5}<\frac{20-20}{0.5}\right)$

$=P(-0.4<z<0)$

$=P(0<z<0.4)$

$=0.1554$

(2) $P(x\leqslant19.9)$

$=P\left(\frac{x-20}{0.5}\leqslant\frac{19.9-20}{0.5}\right)$

$=P(z\leqslant-0.2)$

$=P(z\geqslant0.2)$

$=0.5-P(0<z<0.2)$

$=0.5-0.0793$

$=0.4207$

(3) $P(x>20.15)$

$=P\left(\frac{x-20}{0.5}>\frac{20.15-20}{0.5}\right)$

$=P(z>0.3)$

$=0.5-P(0<z<0.3)$

$=0.5-0.1179$

$=0.3821$

(4) $P(19.85\leqslant x\leqslant 20.05)$

$=P\left(\frac{19.85-20}{0.5}\leqslant\frac{x-20}{0.5}\leqslant\frac{20.05-20}{0.5}\right)$

$=P(-0.3\leqslant z\leqslant 0.1)$

$=P(0\leqslant z\leqslant 0.3)+P(0\leqslant z\leqslant 0.1)$

$=0.1179+0.0398$

$=0.1577$

(5) $P(20.05\leqslant x\leqslant 20.25)$

$=P\left(\frac{20.05-20}{0.5}\leqslant\frac{x-20}{0.5}\leqslant\frac{20.25-20}{0.5}\right)$

$=P(0.1\leqslant z\leqslant 0.5)$

$=P(0\leqslant z\leqslant 0.5)-P(0\leqslant z\leqslant 0.1)$

$=0.1915-0.0398$

$=0.1517$

21. **解**:(1) 设存在疑点的进货单数为 x,x 服从二项分布,$n=100$,$\pi=\frac{30}{600}=0.05$。

$P(x=10)=C_{100}^{10}\cdot(0.05)^{10}\cdot(0.95)^{90}$

(2) 由于 $n\pi=100\times0.05=5\geqslant5$,$n(1-\pi)=100\times0.95=95\geqslant5$,故可用正态分布来近似计算。

$\mu=n\pi=100\times0.5=5$,$\sigma=\sqrt{n\pi(1-\pi)}=\sqrt{100\times0.05\times0.95}=2.1794$

$P(x=10|n,\pi)\approx P(9.5<x<10.5|\mu,\sigma)$

$=P(\frac{9.5-5}{2.1794}<\frac{x-5}{2.1794}<\frac{10.5-5}{2.1794})$

$=P(2.06<z<2.52)$

$=0.4941-0.4803$

$=0.0138$

22. 按题 13.（3）中公式所表示的概率 $P(x\geqslant 23)$，用正态分布求此概率的近似值，并由计算结果回答，若抽查的 150 户中有 23 户存在漏税行为，可否对 10% 的比率提出怀疑。

解：由于 $n\pi=150\times0.1=15\geqslant5$，$n(1-\pi)=150\times0.9=135\geqslant5$，故可用正态分布来近似计算。

$\mu=n\pi=150\times0.1=15$

$\sigma=\sqrt{n\pi(1-\pi)}=\sqrt{150\times0.1\times0.9}=3.6742$

$P(x\geqslant23\mid n,\pi)$

$\approx P(x\geqslant22.5\mid\mu,\sigma)$

$=0.5-P(0\leqslant x\leqslant22.5)$

$=0.5-P(0\leqslant\frac{x-15}{3.6742}\leqslant\frac{22.5-15}{3.6742})$

$=0.5-P(0\leqslant z\leqslant2.04)$

$=0.5-0.4793$

$=0.0207$

这个结果说明，在假定总体比率为 10% 的前提下，“抽查的 150 户中有 23 户存在漏税行为”是小概率事件，而在一次抽样中小概率事件竟然发生了，因此有理由对 10% 的总体比率提出怀疑。

23. **解**：设一个轮胎充气后可行驶的公里数为 x，由题意，$x\sim N(750,40)$。

$$
\begin{aligned}
P(x\geqslant700)&=P(\frac{x-750}{40}\geqslant\frac{700-750}{40})\\
&=P(z\geqslant-1.25)\\
&=P(0\leqslant z\leqslant1.25)+0.5\\
&=0.3940+0.5\\
&=0.8940
\end{aligned}
$$

$$
\begin{aligned}
&P(\{x_1\geqslant700\}\{x_2\geqslant700\}\{x_3\geqslant700\}\{x_4\geqslant700\})\\
&=P(\{x_1\geqslant700\})P(\{x_2\geqslant700\})P(\{x_3\geqslant700\})P(\{x_4\geqslant700\})\\
&=(0.8940)^4=0.6388
\end{aligned}
$$

第四章　抽 样 分 布

一、学习目的和要求

了解抽样的基本概念,掌握基本抽样设计的方法;掌握抽样分布的基本原理;掌握常用的抽样分布定理。

二、主要概念和内容

(一) 抽样的基本概念

从总体中抽取一部分样本进行观察,并根据样本的特征进而推断总体的特征,称为抽样调查。

(二) 抽样调查的优越性和必须性

抽样调查的优点是:经济性、实效性、必须性。

(三) 样本的代表性

抽样是按随机的原则从整个总体中抽选样本单位。这种方式排除了任何主观意识的干扰,保证每个单位都有相同机会被选中,因而使所选取的样本与总体具有相似的分布结构,从而使得样本具有较大的代表性。

(四) 抽样误差

样本统计量和总体参数间的差距表现为两种形式:抽样误差和非抽样误差。

(五) 基本抽样设计

简单随机抽样、系统抽样、分层抽样、聚点抽样、多步抽样。

(六) 抽样分布

样本统计量是一个随机变量,它的取值随总体分布、抽样方式和样本容量的不同而变化,样本统计量的概率分布称为抽样分布。

(七) 抽样分布定理

(1) 正态分布再生定理:设 $x_1, x_2 \cdots, x_n$ 是一组随机变量,如果它们相互独立,而且都

服从正态分布 $N(\mu,\sigma)$,则 $\bar{x}$ 服从正态分布 $N\left(\mu,\frac{\sigma}{\sqrt{n}}\right)$ 或 $\sum x$ 服从正态分布 $N(n\mu,\sqrt{n}\sigma)$。

(2) 中心极限定理:设 $x_1,x_2,\cdots,x_n,\cdots$ 是一随机变量列,如果它们相互独立,而且服从相同分布;期望 $E(x)=\mu$,方差 $V(x)=\sigma^2\neq 0$,那么当 n 无限大时,则 $\bar{x}$ 服从正态分布 $N\left(\mu,\frac{\sigma}{\sqrt{n}}\right)$ 或 $\sum x$ 服从正态分布 $N(n\mu,\sqrt{n}\sigma)$。

(3) t 分布:假设随机变量 z 服从标准正态分布,随机变量 x 服从自由度为 n 的 χ^2 分布,即有 $z\sim N(0,1)$,$x\sim\chi^2(n)$,且二者相互独立,则随机变量:$t=\frac{z}{\sqrt{\frac{x}{n}}}$ 服从自由度为 $n-1$ 的 t 分布。

(八) 统计量和参数的概念

统计量:由样本数据计算的指标,它反映了样本的信息和数量特征,是随机变量。

参数:总体的、未知的、需要用统计量进行估计的指标。

(九) 常用的总体参数及其统计量

总体参数	常用的统计量	统计量的计算公式
总体均值 m	样本均值 $\bar{x}$	$\bar{x}=\sum x_i/n$
总体比例 π	样本比例 P	$P=x/n$, x = 样本中具有某特征的个体数
总体方差 σ^2	样本方差 S^2	$S^2=\sum(x_i-\bar{x})^2/(n-1)$
总体标准差 σ	样本标准差 S	$S=\sqrt{\sum(x_i-\bar{x})^2/(n-1)}$

四、练习题

(一) 判断题

1. 在进行分层抽样时,应保证所分的“层”与总体具备相同的结构。

2. 对数量特征具有周期性变化的观测值,采用直线式系统抽样会导致代表性降低。

3. 总体参数并不是唯一确定的量,有时是随机变量。

4. 一般而言,在同等条件下,较大的样本所提供的有关总体的信息要比较小的样本多。

5. 标准分是将原数据进行线性变换,使其均值为 1,标准差为 0,改变了该组数据的分布情况。

6. 样本统计量的概率分布实际上是一种理论分布,是抽样推断的理论依据。

7. 估计量的无偏性是指大量重复抽样的样本估计值应等于被估计总体参数的真实值。

8. 在设计一个抽样方案时，抽取的样本量越多越好。

9. 在采用分层抽样时，若某层内的变异较大，可以在该层抽取较多的样本单位。

10. 对分布严重偏斜的总体，可以根据正态分布抽取小于 30 的样本量进行区间估计。

（二）单项选择题

1. 样本均值的抽样标准差所描述的是(　　)。

A. 样本均值的离散程度　　B. 一个样本中各观测值的离散程度

C. 总体所有观测值的离散程度　　D. 样本方差的离散程度

2. 设总体服从均值为 μ，方差为 σ^2 正态分布，从总体 N 中按放回抽样方法抽取容量为 n 的简单随机样本，则样本均值 $\bar{x}$ 的抽样分布服从(　　)。

A. $N(\mu,\sigma^2)$　　B. $N\left(\mu,\dfrac{\sigma^2}{\sqrt{n}}\right)$　　C. $N\left(\mu,\dfrac{\sigma^2}{n}\right)$　　D. $N\left(\mu,\dfrac{\sigma^2}{n}\cdot\dfrac{N-n}{N-1}\right)$

3. 某市有各类型书店 500 家，其中大型 50 家，中型 150 家，小型 300 家。为了调查该市图书销售情况，拟抽取 30 家书店进行调查。如果采用分层等比例抽样法，下列在大型、中型、小型书店中样本的正确分配量为(　　)。

A. 5、15、10　　B. 7、10、13　　C. 10、10、10　　D. 3、9、18

4. 抽样调查中，无法避免和消除的是(　　)。

A. 登记误差　　B. 系统性误差　　C. 随机误差　　D. 测量工具误差

5. 若一个总体内各个观察值的差异较大，进行抽样时适宜采用(　　)。

A. 分层抽样　　B. 整群抽样　　C. 简单随机抽样　　D. 多步抽样

6. 总体方差的无偏估计量是(　　)。

A. $\dfrac{\sum(x-\bar{x})^2}{n}$　　B. $\dfrac{\sum(x-\bar{x})^2}{n-1}$　　C. $\dfrac{\sum(x-\bar{x})^2}{n+1}$　　D. $\sqrt{\dfrac{\sum(x-\bar{x})}{n-1}}$

7. 下列说法中不正确的是(　　)。

A. 样本均值的数学期望是总体均值的无偏估计量

B. 样本比率的数学期望是总体比率的无偏估计量

C. 样本标准差是总体标准差的无偏估计量

D. 样本中位数和样本均值都是总体均值的无偏估计量，但样本均值具有较小方差

(三) 多项选择题

1. 基本的抽样设计有(　　)。

A. 整群抽样　　B. 分层抽样　　C. 简单随机抽样　　D. 系统抽样

E. 多步抽样

2. 关于样本比率 p 的抽样分布,下列正确的表述是(　　)。

A. 当随机变量 x 服从二项分布时,则 $p=\dfrac{x}{n}$ 也服从二项分布

B. 当 $n\pi, n(1-\pi)$ 都不小于 5 时,样本比率近似服从正态分布

C. 样本比率的数学期望等于总体比率

D. 样本比率 p 的标准差是 $\sqrt{\pi(1-\pi)}$

E. 样本比率 p 的标准差是 $\sqrt{\dfrac{\pi(1-\pi)}{n}}$

3. 下列哪些情况符合使用正态分布的条件?(　　)

A. 从正态总体中抽取小样本,总体标准差已知

B. 从正态总体中抽取大样本,总体标准差已知

C. 从非正态总体中抽取小样本,总体标准差已知

D. 从非正态总体中抽取大样本,总体标准差未知

E. 从正态总体中抽取小样本,总体标准差未知

4. 放回抽样误差和不放回抽样误差两者相比是(　　)。

A. 由于 $N>n$, 所以前者大于后者　　B. 前者小于后者

C. 前者等于后者　　D. 前者大于后者

E. 由于 $(1-n/N)$ 是小于1的正数, 后者不可能大于前者

5. 比率的抽样分布服从正态分布的前提条件是(　　)。

A. $N\geqslant 20n$　　B. $np\geqslant 5$　　C. $n(1-p)\geqslant 5$　　D. $\pi<0.17$

E. $\pi>0.83$

(四) 简答题

1. 什么是统计量,为什么要引进统计量?

2. 为什么要求统计量中不含任何未知参数?

(五) 计算题

1. 某罐头厂出口的鲜片蘑菇罐头,规定净重是 184 克,标准差是 2.5 克。假定罐头的实际净重服从正态分布,求下列事件的概率:

(1) 随机抽选 1 罐,其实际净重超过 184.5 克;

（2）随机抽选16罐，其平均实际净重超过184.5克（视该批罐头为无限总体）；

（3）若实际净重的平均数高于某一重量限度的概率为0.70，求此重量限度。

2. 一批苹果共1万箱，自甘肃某地运抵青岛口岸，苹果的重量在途中因水分蒸发会减轻。

（1）若对该批苹果进行样本容量为100箱的连续抽样，其平均数的抽样分布是否服从正态分布？为什么？

（2）要计算抽样分布的标准误差，却又不知道总体标准差，应如何处置？

（3）在计算抽样分布的标准差时，有无必要使用有限总体校正系数？为什么？

3. 按题2，若1万箱苹果平均每箱因水分蒸发减轻800克，标准差为50克。

（1）计算样本容量为100箱时，$\bar{x} \leqslant 770$克的概率。

（2）计算样本容量为100箱时，$\bar{x}$在780克与820克之间的概率。

（3）在多次重复抽样中，$\bar{x}$将围绕μ左右对称出现。若$n=100$，问$\bar{x}$为90%出现的范围是多少克？

（4）如果要求上述$\bar{x}$有90%可能出现的范围缩短一半，问样本量应增加到多少箱？

4. 某首饰公司与外商进行来料加工贸易。设以往外商每次发来的桃石原料共5 000枚中有5%因破裂而无法加工成规格商品，随即在来料中抽取100枚。

（1）能否将100枚来料中的废料比率的抽样分布视作为正态分布？为什么？

（2）$n=100$，其废料比率的抽样分布的期望值和标准差是多少？

（3）抽取100枚中废料占6%以上的概率是多少？

（4）废料比率在居中的95%概率量的范围是什么？

5. 按题4，若随机抽取500枚，其中废料占6%以上的概率是多少？

6. 按题4，从外商发来的一批到货中，随机抽取了100枚进行检查，结果有10枚因破裂而无法加工成规格商品，问可否对来料的5%的破损率提出质疑？

7. 2 000家百货商场的流动资金周转天数服从正态分布，平均数为50天。若从这些商场随机抽选16家进行调查，被抽查的商场实际流动资金周转天数如下：

55，49，52，49，48，55，53，55，51，49，52，53，53，55，54，49。

（1）求平均周转天数超过52天的概率。

（2）求平均周转天数在48与52天之间的概率。

8. 凯声无线电厂生产某种型号的电容器，其使用寿命服从正态分布。厂方声称其产品平均使用寿命为5 000小时。

（1）随机抽查10只电容器，其平均使用时间为5 200小时，标准差为220小时，求$P(\bar{x} \geqslant 5\ 200)$。

(2) 随机抽查100只电容器,其平均使用时间为5 050小时,标准差为210小时,求$P(\bar{x} \geqslant 5\ 050)$。

(3) 由(1)和(2)的结果说明哪个样本更能明确核定厂方估计的可靠性。

9. 出口桐油,每桶标明净重100公斤。出口合同规定从一批桐油中抽查60桶,如果平均低于100公斤时需要罚款。出口厂家有自动装油机,装油量可以按0.1公斤标度调整,调整后装油量的标准差为1公斤。如果厂家为了减少罚款风险,要求样本平均每桶净重低于100公斤的概率不超过1%,问装油量的标度应调整到多少公斤?

五、参考答案

(一) 判断题

1. × 2. √ 3. × 4. √ 5. × 6. √ 7. √ 8. × 9. √ 10. ×

(二) 单项选择题

1. A 2. C 3. D 4. D 5. A 6. B 7. C

(三) 多项选择题

1. ABCDE 2. BCE 3. ABD 4. DE 5. BC

(四) 简答题

1. 统计量是指不含任何未知参数的样本$(x_1, x_2, \cdots x_n)$的函数$F = F(x_1, x_2, \cdots x_n)$。样本均值、样本方差都是统计量。引进统计量的目的是为了将无规律的样本值整理成便于对所研究问题进行统计推断、分析的形式。将样本中所含的有关所研究问题的信息集中起来,从而更有效地揭示出问题的实质,进而得到解决问题的办法。例如,为了估计总体的均值μ,可将样本中关于总体取值均值的信息集中起来,这一信息就集中体现在样本的均值$\bar{x}$中。因为若总体期望比较大时,取自总体观测值的均值自然也应有偏大倾向,反之则将有偏小倾向。

2. 因为统计量的使用目的在于对所研究的问题进行统计推断和分析。比如用统计量对未知参数进行估计时,若统计量本身仍含有未知参数,那么就无法根据所测得的样本值求得未知参数的估计值,利用统计量估计未知参数将失去意义。再如,在假设检验中,若检验统计量中含有未知参数,那么由样本值就无法求出相应的检验统计量的值,也就无法与相应的临界值进行比较,从而使得通过统计量表示的拒绝域失去意义。

(五) 计算题

1. **解**:设X表示一罐罐头的实际净重,则$X \sim N(184, 2.5^2)$,

(1) $P(X > 184.5) = 1 - P(X \leqslant 184.5) = 1 - P\left(Z \leqslant \dfrac{184.5 - 184}{2.5}\right) = 1 - P(Z \leqslant 0.2)$

$=1-0.5793=0.4207$

(2) 设 $X_i(i=1,2,\cdots,16)$是抽选 16 罐的重量,则 $\overline{X}=\frac{1}{16}\sum_{i=1}^{16}X_i\sim N\left(184,\frac{2.5^2}{16}\right)$。

$$P(\overline{X}>184.5)=1-P(\overline{X}\leqslant184.5)=1-P\left(Z\leqslant\frac{184.5-184}{2.5/\sqrt{16}}\right)$$
$$=1-P(Z\leqslant0.8)=0.2119$$

(3) 设抽取容量为 n 的样本,某一重量限度为 a,则

$$P(\overline{X}>a)=1-P(\overline{X}\leqslant a)=1-P\left(Z\leqslant\frac{a-184}{2.5/\sqrt{n}}\right)=0.70$$

故$\frac{a-184}{2.5/\sqrt{n}}=0.6179$,解得 $a=184+0.6179\frac{2.5}{\sqrt{n}}$

2. **解**:(1) 可以认为其平均数的抽样分布是服从正态分布的。

(2) 用样本标准差替代。

(3) 没必要,因为 $N=10\ 000,n=100,N>20$。

3. **解**:(1) $P(\bar{x}<770)=P\left(Z\leqslant\frac{770-800}{50/\sqrt{100}}\right)=P(Z\leqslant-6)=0$

(2) $P(780<\bar{x}<820)=P\left(\frac{780-800}{50/\sqrt{100}}<Z<\frac{820-800}{50/\sqrt{100}}\right)$
$=P(-4<Z<4)=2P(Z<4)-1\approx1$

(3) $P(|\bar{x}-\mu|<a)=P(\mu-a<\bar{x}<\mu+a)=2P\left(\frac{a}{50/\sqrt{100}}\right)-1=0.9$

$P\left(\frac{a}{50/\sqrt{100}}\right)=0.95$,因此,$\frac{a}{50/\sqrt{100}}=1.645$,解得 $a=8.225$

若 $n=100$,在多次重复抽样中,$\bar{x}$ 围绕 μ 左右对称为 90% 出现的范围是[800 - 8.225,800 + 8.225],即[791.775,808.225]。

(4) 由 $P\left(\frac{a/2}{50/\sqrt{n}}\right)=0.95,a=9.8$,得 $\frac{9.8/2}{50/\sqrt{n}}=1.96$,解得 $n=400$。

4. **解**:(1) 可以,因为样本容量足够大。

(2) $E(p)=0.05,D(p)=\frac{0.05\times0.95}{100}=0.000475$

(3) $P(p>0.06)=1-P(p\leqslant0.06)\approx1-P\left(Z\leqslant\frac{0.06-0.05}{\sqrt{\frac{0.05\times0.95}{100}}}\right)$

$$=1-P(Z\leqslant 0.459)=0.3228$$

(4) $P(|p-E(p)|<a)$

$$=P(E(p)-a<p<E(p)+a)\approx 2P\left(\frac{a}{\sqrt{\frac{0.05\times 0.95}{100}}}\right)-1=0.95$$

$P\left(\frac{a}{\sqrt{\frac{0.05\times 0.95}{100}}}\right)=0.975$,因此$\frac{a}{\sqrt{\frac{0.05\times 0.95}{100}}}=1.96$,解得 $a=0.04$

废料比率在居中的95%概率量的范围是(0.05-0.04,0.05+0.04)=(0.01,0.09)。

5. 按题4,若随机抽取500枚,其中废料占6%以上的概率是:

$$P(p>0.06)=1-P(p\leqslant 0.06)\approx 1-P\left(Z\leqslant\frac{0.06-0.05}{\sqrt{\frac{0.05\times 0.95}{500}}}\right)$$

$$=1-P(Z\leqslant 1.03)=0.1515$$

6. 按题4,$H_0:\pi=0.05$ $\quad H_1:\pi\neq 0.05$

$$p=10/100=0.1$$

$$Z=\frac{p-\pi}{\sqrt{\frac{\pi(1-\pi)}{100}}}=\frac{0.1-0.05}{\sqrt{\frac{0.05(1-0.05)}{100}}}=2.295$$

当 $\alpha=0.5$ 时,有 $Z_{\alpha/2}=\pm 1.96$,由于 $|Z|>|Z_{\alpha/2}|$,拒绝原假设,可以对来料的5%的破损率提出质疑。

7. **解**:设 X 表示商场实际流动资金周转天数,样本均值和样本标准差分别为 $\bar{x}=52$,$S=2.53$,由于总体标准差未知,故

$$\frac{\bar{x}-\mu}{S/\sqrt{n}}=\frac{\bar{x}-50}{2.53/\sqrt{16}}\sim t(n-1)$$

(1) $P(\bar{x}>52)=P\left(t>\frac{52-50}{2.53/\sqrt{16}}\right)=P(t>3.16)\approx 0$

(2) $P(48<\bar{x}<52)=P\left(\frac{48-50}{2.53/\sqrt{16}}<t<\frac{52-50}{2.53/\sqrt{16}}\right)=1-2P(t>3.16)\approx 1$

8. **解**:(1) $P(\bar{x}\geqslant 5200)=1-P(\bar{x}<5200)=1-P\left(Z\leqslant\frac{5200-5000}{220/\sqrt{10}}\right)$

$$=1-P(Z<2.87)=1-0.9979=0.0021$$

（2） $P(\bar{x} \geqslant 5\ 050) = 1 - P(\bar{x} < 5\ 050) = 1 - P\left(Z \leqslant \dfrac{5\ 050 - 5\ 000}{210/\sqrt{100}}\right)$

$= 1 - P(Z < 2.38) = 1 - 0.991\ 3 = 0.008\ 7$

（3） 抽取的样本为 100 只电容器时，更能明确核定厂方估计的可靠性。

9. **解**：$P(\bar{x} < 100) = P\left(Z \leqslant \dfrac{100 - (100 + 0.1k)}{1/\sqrt{60}}\right) = P\left(Z \leqslant \dfrac{-0.1k}{1/\sqrt{60}}\right) < 0.1$，

即 $\dfrac{-0.1k}{1/\sqrt{60}} < -2.29$，解得 $k < 2.96$。因此，应将油量的标度调整到小于 2.96 公斤。

第五章　参数估计

一、学习目的和要求

了解参数与统计量的概念；理解统计量与参数的关系，掌握评价优良估计量的标准；理解估计的可靠性与精确度之间的关系；理解置信区间与置信系数和样本量之间的关系；掌握单一正态总体均值及两个正态总体均值差的区间估计方法及其应用；掌握单一总体比率及两个总体比率之差的区间估计方法及其应用。能够根据估计误差和置信系数的要求计算所需样本量；能够运用 *SPSS* 实现以上估计过程，并正确解读 *SPSS* 的输出结果。

二、主要概念和内容

（一）评价优良估计量的标准

评价优良估计量的标准包括：无偏性、有效性、一致性。

（二）点估计和区间估计

点估计：直接用样本数据计算出的估计量的一个取值去估计总体参数，估计结果在数轴上是一个点。

区间估计：以点估计值为中心，再考虑抽样最大允许误差，在一定的置信系数下给出一个很可能包含总体参数真值的区间范围，估计结果是数轴上的一个区间。

总体参数的区间估计公式：

总体参数的置信区间公式

待估的总体参数	前提条件	置信系数为$(1-\alpha)$的置信区间
总体均值 μ	正态总体，方差已知（大、小样本）	$\bar{x} \pm z\frac{\sigma}{\sqrt{n}}$
	正态总体，方差未知（大样本）	$\bar{x} \pm z\frac{S}{\sqrt{n}}$
	正态总体，方差未知（小样本）	$\bar{x} \pm t_{(n-1)}\frac{S}{\sqrt{n}}$

续表

待估的总体参数	前提条件	置信系数为$(1-\alpha)$的置信区间
总体比率 π	$np\geqslant 5, n(1-p)\geqslant 5$	$P \pm z_{\alpha/2}\sqrt{\frac{P(1-P)}{n}}$
两总体均值之差 $(\mu_1-\mu_2)$	大样本	$(\bar{x}_1-\bar{x}_2)\pm z\sqrt{\frac{\sigma_1^2}{n_1}+\frac{\sigma_2^2}{n_2}}$
两总体比率之差 $(\pi_1-\pi_2)$	大样本	$(P_1-P_2)\pm z\times\sqrt{\frac{P_1(1-P_1)}{n_1}+\frac{P_2}{n_2}}$

(四) 必要样本量的确定

平均数区间估计的必要样本容量 $n=\frac{z^2\sigma^2}{e^2}$

比率区间估计的必要样本容量 $n=\frac{z^2p(1-p)}{e^2}=\frac{z^2}{4e^2}$

三、难点和重点

参数估计和假设检验是统计推断的主要方法。这两种方法有密切联系,参数估计使用的是归纳法,假设检验使用的是反证法,两者都是为了对总体的未知参数进行推断和估计。而抽样分布又是统计推断的理论基础,所以,应该深刻领会抽样分布的理论和定理。为了掌握参数估计这种统计推断方法,应清楚识别下列几方面的关系。

(一) 点估计和区间估计的关系

点估计和区间估计的区别是:点估计用一个具体的值估计总体参数,虽然简单、明确,但不能说明估计结果的可靠程度以及估计值与参数真值之间的误差大小。区间估计不但给出了估计结果的精度,而且给出了这种估计的可靠程度(置信系数)。两者又有密切联系。区间估计常常是以点估计为中心的,在点估计的基础上加减抽样允许误差即可得到区间估计。

(二) 置信区间与置信系数关系

不能将置信系数理解为"总体参数落在某个区间内的概率为$(1-\alpha)$,落在该区间外的概率为α"。因为总体参数是确定的值,不是随机变量,置信区间才是随机的。

不能将置信系数理解为"根据某次抽样所求的置信区间包含总体参数的概率为$(1-\alpha)$"。因为根据一个具体样本计算出的区间已经不是随机的,而是一个确定的数值范围,它或者包含了总体参数,或者没有包含总体参数。由于总体参数是未知的,所以并不能知道该区间是否包含总体参数，除非进行全面调查获取总体数据。因此，置信系数只是从大量重复抽样的角度来说明区间估计结果的可靠程度，而不是针对某个具体的区间。

（三）样本量与置信区间宽度和可靠程度的关系

在置信系数给定的情况下，增大样本量，就可以减少抽样估计的误差，区间宽度变窄；反之，减小样本量，会增大估计误差范围，增大置信区间宽度。从直观上讲，样本量增大，对总体信息的了解就越充分，估计结果就会越准确。

四、练习题

（一）判断题

1. 对同一总体进行 n 次抽样，构造 n 个置信区间，这些置信区间的中心在同一位置。

2. 对方差未知的正态总体进行样本量相同的 n 次抽样，这 n 个置信区间的宽度必然相等。

3. 样本均值的标准差也称抽样估计的标准误差，可用公式表示为 $S=\frac{\sigma^2}{n}$。

4. 样本均值的抽样分布形式仅与样本量 n 的大小有关。

5. 样本统计量与总体参数之间的差异是抽样造成的。

6. 抽样误差产生的原因是由于在抽样过程中没有遵循随机原则。

7. 抽取样本容量的多少与估计时要求的可靠程度成反比。

8. t 分布与正态分布的区别是前者是分布形态不对称的，后者是对称的。

9. t 分布与正态分布的区别是方差不等于 1。

10. 当总体比率 $\pi<0.17$ 或 $\pi>0.83$，抽取小样本，样本比率近似服从正态分布。

11. 当 $n<30$ 时，$x\sim N(\mu,\sigma)$，且 σ 未知，则统计量的分布服从自由度为 $n-1$ 的 t 分布。

（二）单项选择题

1. 估计量的数学期望等于总体参数这一性质称为(　　)。

A. 一致性　　B. 无偏性　　C. 有效性　　D. 随机性

2. 总体均值的置信区间等于样本均值加减允许误差，其中的允许误差等于置信水平的临界值乘以(　　)。

A. 样本均值的抽样标准差　　B. 样本标准差

C. 样本方差　　D. 总体标准差

3. 下列关于统计量的表述中，不正确的是(　　)。

A. 统计量是样本的函数

B. 估计同一总体参数可以用多个不同统计量

C. 统计量是随机变量

D. 统计量的数值是唯一的

4. 某品牌袋装白糖每袋重量的标准是 500 ±5 克。为了检验该产品的重量是否符合标准,现从某日生产的这种糖果中随机抽查 10 袋,测得平均每袋重量为 498 克。下列说法中错误的是(　　)。

A. 样本量为 10　　B. 抽样误差是 2 克

C. 样本平均每袋重量是估计量　　D. 点估计值为 498 克

5. 对一部贺岁片收视率进行调查,随机抽取 100 人,其中有 20 人没有看过该部贺岁片,则看过该部贺岁片人数的点估计值为(　　)。

A. 20%　　B. 20　　C. 80　　D. 80%

6. 在其他条件不变的情况下,要使置信区间的宽度缩小一半,样本量应增加(　　)。

A. 一半　　B. 一倍　　C. 三倍　　D. 四倍

7. 在抽样估计中,随着样本容量的增大,样本统计量接近总体参数的概率就越大,这称为(　　)。

A. 无偏性　　B. 有效性　　C. 一致性　　D. 及时性

8. 影响区间估计精度的因素不包括(　　)。

A. 置信系数　　B. 总体参数　　C. 样本容量　　D. 观察值本身的变异

9. 设一正态总体 $N=100$,均值是 20。对其进行样本量为 4 的简单随机抽样,样本均值的抽样分布的期望值为(　　)。

A. 20　　B. 2　　C. 10　　D. A、B、C 都不对

10. 某企业根据对顾客随机抽样的信息得到对该企业产品表示满意的顾客比率的 95% 置信度的置信区间是(56%,64%)。下列正确的表述是(　　)。

A. 总体比率的 95% 置信度的置信区间为(56%,64%)

B. 总体真实比率有 95% 的可能落在(56%,64%)中

C. 区间(56%,64%)有 95% 的概率包含了总体真实比率

D. 由 100 次抽样构造的 100 个置信区间中,约有 95 个覆盖了总体真实比率

11. 有 30 个调查者分别对同一个正态总体进行了随机抽样,样本量都是 100,总体方差未知。调查者分别根据各自的样本数据得到总体均值的一个置信度 90% 的置信区间,这些置信区间中覆盖总体均值的区间有(　　)。

A. 30 个　　B. 90 个　　C. 27 个　　D. 3 个

12. 某学校数学考试成绩服从正态分布,以往经验表明成绩的标准差 $\sigma=10$。从学生中随机抽取25个简单随机样本,得到平均分数是84.32分。根据这些数据计算 μ 的95%的置信区间是(　　)。

A. 84.32 ±39.2　　B. 104.32 ±1.96

C. 84.32 ±3.92　　D. 104.32 ±19.60

(三) 多项选择题

1. 以下哪些属于优良估计量的评价标准(　　)。

A. 一致性　B. 把握性　C. 有效性　D. 无偏性

E. 正态性

2. 在对总体均值进行区间估计时,影响置信区间宽度的因素是(　　)。

A. 总体中各个数据的差异程度　　B. 抽取样本的方式

C. 样本容量的大小　　D. 估计的可靠性

E. 总体数量的大小

3. 在抽样调查中,下列说法正确的是(　　)。

A. 样本指标是随机变量　　B. 总体指标是随机变量

C. 样本指标是唯一确定的量　　D. 总体指标是唯一确定的量

E. 样本指标是样本变量的函数

4. 要提高抽样推断的精确度,可采用的方法有(　　)。

A. 增加样本单位数目　　B. 减少样本单位数目

C. 缩小观测值之间的差异程度　　D. 改善抽样的组织方式

E. 改善抽样的方法

5. 在简单重复随机抽样条件下,要使误差范围缩小1/2,其他条件不变,则样本容量必须(　)。

A. 增加2倍　B. 增加3倍　C. 增加到4倍　D. 减少2倍

E. 减少3倍

6. 在计算抽样平均误差时,若总体方差未知,一般可取而代之的有(　　)。

A. 样本方差　　B. 以往调查中该现象方差最大者

C. 以往调查中该现象方差最小者　　D. 比率方差可用0.25代替

E. 比率方差可用0.5代替

7. 在置信系数一定的情况下(　)。

A. 允许误差越大,应抽取的样本单位数越多

B. 允许误差越小,应抽取的样本单位数越多

C. 允许误差越小,应抽取的样本单位数越少

D. 允许误差越大,应抽取的样本单位数越少

E. 允许误差平方的大小与应抽取的单位数多少成反比

(四) 简答题

为什么希望未知参数的估计量具有无偏性?

(五) 计算题

1. 在一家大型超市,随机抽取100名顾客,测得某服务员对这100名顾客的收款时间的平均数为3.5分钟,标准差为1.2分钟,求置信系数为0.95时,该服务员对顾客收款时间平均数的总置信区间。

2. 有一批供出口用的自行车轮胎,共50 000条。从中随机抽取100条进行检验,测出平均使用寿命为15 000公里,标准差为200公里。如规定置信系数为95%,求这50 000条轮胎的平均寿命的置信区间。

3. 某城市一次样本容量为900户的随机抽样调查结果显示,被抽查的家庭下一年耐用消费品的计划购买额(指所要购买各种商品各自的平均价格与数量的乘积之和)平均数为12 500元,标准差为1 200元。

(1) 计算置信系数为90%、95%、99%时全市居民家庭下一年耐用消费品计划购买额平均数的置信区间。

(2) 若事先规定置信为90元、80元,则相应置信系数分别为多少?

4. 为了研究我国所生产的真丝被面的销路,在美国举办的中国纺织品展销会上,对1 000名顾客进行调查,其中有600人喜欢这种产品。以95%的置信系数估计美国顾客喜欢此种产品的比率的置信区间。

5. 据媒体报道,我国高三学生睡眠时间明显不足,大多数学生无法保证每晚8小时的睡眠,在北京某区某中学高三年级随机抽取了16个中学生,平均每晚睡眠时间7.632 5小时,标准差0.492 4小时。

(1) 假设高三学生睡眠时间服从正态分布,在置信系数为95%时估计我国高三学生每晚睡眠时间的置信区间。

(2) 假如已知总体方差为0.3,其他条件不变,估计高三学生睡眠时间的置信区间。

6. 某产品组装生产线中某部件的设计组装时间为15分钟,现根据随机抽选的8名工人的工作时间进行观察结果进行时间研究,观察结果为:15.8,15.4,13.6,15.3,18.6,15.8,14.5,13.8分钟。假设工人的组装时间服从正态分布,求工人组装该部件的平均时间的90%的置信区间。

7. 为了治理交通堵塞现象,某城市欲推广私家车单双号限行措施,为了了解车主对

限行的态度，委托某调研机构根据车主的手机号码随机抽取了 1 400 个人，其中 340 人表示“赞同限行”，以 90% 置信系数求“赞同限行”人数比率的置信区间。

8. 某公司生产的灯泡，使用寿命服从正态分布(μ,900)。按照行业标准，使用寿命在 1 500 小时以上为达标，从某日的产品中随机重复抽取 100 只进行寿命试验，所得数据如下：

使用寿命（小时）	灯泡数量（只）
1 480 ~ 1 500	10
1 500 ~ 1 520	30
1 520 ~ 1 540	40
1 540 ~ 1 560	20
合计	100

根据以上数据，要求：

(1) 估计这种灯泡平均寿命 μ 的 95% 置信水平的置信区间；

(2) 估计这种灯泡合格率的 95% 置信水平的置信区间。

9. 某地区对居民用于报刊费用的年支出数额进行了一次抽样调查。抽取了 400 户居民，调查得到的平均每户支出数额为 350 元，标准差为 47 元，支出额在 600 元以上的只有 40 户。试以 95% 的置信度估计：

(1) 平均每户支出额的区间；

(2) 支出额在 600 元以上的户数所占比率的区间。

10. 对某地区小麦产量进行抽样调查，随机抽取了 100 块样地进行实测，测得平均每块样地的产量为 48.7 千克，标准差为 5.8 千克。要求：

(1) 分别以 70%、95%、99% 的置信度估计该地区小麦平均每块样地产量的置信区间，并由计算结果观察置信度变化对置信区间的影响。

(2) 若其他数据不变而抽查的样地有 400 块，试以 95% 的置信度估计该地区小麦平均每块样地产量的置信区间，并观察样本量变化对置信区间的影响。

11. 某高校过去多次英语考试的成绩表明，男女学生的平均成绩是基本相同的，在最近的一次英语考试中，随机抽取 100 名学生，其中女生 40 人。女生平均成绩为 78 分，成绩的标准差为 11 分，男生平均成绩 76 分，成绩的标准差为 14 分。以 90% 的置信系数对女生与男生平均成绩的差异进行区间估计。

12. 某咨询机构欲了解该市年轻白领和在校大学生每周的上网时间，调查了 361 位年轻白领,得到其平均每周上网时间为35小时,标准差4.2小时;调查了400名在校大学生,得到其平均每周上网时间为31小时,标准差3.5小时。如果置信系数为95%,构造该市年轻白领与在校大学生每周上网平均时间差异的置信区间。

13. 在甲、乙两城市采用随机抽样方法进行了职工家计调查。在甲城市抽取400户,每户平均购买耐用消费品的开支14 000元,标准差1 200元;乙城市抽取了900户,每户平均购买耐用消费品的开支15 000元,标准差1 250元。以95%置信系数估计甲、乙两城市职工每户平均购买耐用消费品支出平均数间差异的置信区间。

14. 某咨询机构欲了解A市与B市的电脑拥有率,随机调查了A市529户和B市625户家庭,分别得到A市拥有电脑的户数为386和B市拥有电脑的户数为438,如果置信系数为90%,求A市和B市的电脑拥有率差异的置信区间。

15. 某冰箱厂商的产品配件委托甲、乙两家小型企业进行加工,对甲企业加工的零件随机抽查100只,有91只合格;对乙企业加工的零件随机抽查150只,有128只合格。在置信系数为95%的条件下,求甲、乙两个企业加工零件合格率差异的置信区间。

16. 工商部门对某品牌化妆品的合格率进行抽查,要求抽样误差不超过2%,置信系数为95.45%,至少应抽查多少件产品?

17. 每四年美国总统竞选前期,美国各个调查咨询机构都要对总统候选人进行民意调查,以准确预测总统当选人。下面是从9月到11月某调查机构对调查结果所要求的最大允许误差:

调查时间	9月	10月	11月	大选前一天
最大允许误差	0.04	0.03	0.02	0.01

在不能超过上述误差的约束下,以95%的置信水平计算每次调查需要多少样本量。

18. 某广告公司为了估计某地区收看某一新电视节目的居民人数所占比率,要设计一个简单随机样本的抽样方案。该公司希望有90%的信心使所估计的比率只有2个百分点左右的误差。为了节约调查费用,样本将尽可能小,在这种情况下应该抽取多少样本?

19. 为了解大学生暑假参加英语培训班的比率,希望误差控制在3%,可靠程度在95%时,应抽取多少个样本?可靠程度在99%时,又应抽取多少个样本?

五、参考答案

(一) 判断题

1. × 2. × 3. √ 4. × 5. × 6. × 7. × 8. × 9. √ 10. × 11. √

（二）单项选择题

1. B 2. A 3. D 4. B 5. D 6. C 7. C 8. B 9. A 10. D 11. C 12. C

（三）多项选择题

1. ACD 2. ACD 3. ADE 4. AE 5. BC 6. ABD 7. BDE

（四）简答题

用统计量 $\hat{\theta}$ 对未知参数 θ 进行估计时，通常不希望它有系统偏差。实际上，由于 $\hat{\theta}$ 是随机变量，每次抽样后得到的估计 $\hat{\theta}$ 的观测值不一定能与 θ 吻合，即 $\hat{\theta}-\theta$ 不一定为零。但是希望大量重复抽样试验而得到多个估计值与 θ 之差能正负抵消。即希望 $E(\hat{\theta}-\hat{\theta})=0$，即 $E(\hat{\theta})=\theta$，所以说无偏估计可使其没有系统偏差。

（五）计算题

1. 由于是大样本，根据中心极限定理，样本均值近似服从正态分布，总体方差可以用样本方差近似，已知：

$\bar{x}=3.5$ 分，$s=1.2$ 分，$1-\alpha=0.95$，$Z=1.96$，$n=100$ 为大样本，$\bar{x}\sim\left(\mu,\dfrac{S}{\sqrt{n}}\right)$

置信区间为 $\bar{x}\pm z\times\dfrac{s}{\sqrt{n}}$，即 $3.264\ 8\leqslant\mu\leqslant3.735\ 2$

2. 由于是大样本，根据中心极限定理，样本均值近似服从正态分布，总体方差可以用样本方差近似，已知：

$\bar{x}=15\ 000$ 公里，$s=200$ 公里，$1-\alpha=0.95$，$Z=1.96$，$N=50\ 000$，$n=100$

$\because \dfrac{N}{n}=500>20$，不用校正 $\bar{x}\sim\left(\mu,\dfrac{S}{\sqrt{n}}\right)$

置信区间为 $\bar{x}\pm z\times\dfrac{s}{\sqrt{n}}$，即 $14\ 960.8\leqslant\mu\leqslant15\ 039.2$

3. 由于是大样本，根据中心极限定理，样本均值近似服从正态分布，总体方差可以用样本方差近似，

（1）已知 $\bar{x}=12\ 500$，$S=1\ 200$，$n=900$

当 $1-\alpha=0.90$，$z=1.65$

置信区间为：$12\ 500\pm1.65\times\dfrac{1\ 200}{\sqrt{900}}=12\ 500\pm66$，即 $12\ 434\leqslant\mu\leqslant12\ 566$

当 $1-\alpha=0.95$，$Z=1.96$

置信区间为：$12\ 500\pm1.96\times\dfrac{1\ 200}{\sqrt{900}}=12\ 500\pm78.4$，即 $12\ 421.6\leqslant\mu\leqslant12\ 578.4$

当 $1-\alpha=0.99, Z=2.58$

置信区间为:$12\,396.8 \leqslant \mu \leqslant 12\,603.2$

(2) 当置信区间宽度为 90 元时,即 $2e=90$,即 $Z \times \frac{S}{\sqrt{n}} = Z \times 1\,200/\sqrt{900} = 45$,$45 = 40Z$,$\because Z=1.125$,$\therefore 1-\alpha=0.742$

当置信区间宽度为 80 元时,$Z \times \frac{S}{\sqrt{n}} = 40Z$, $Z=1$, $1-\alpha=0.683$

4. 已知 $N=1\,000, n_1=600, n_0=400, p=0.6, (1-p)=0.4$

$np=1\,000 \times 0.6=600>5, n(1-p)=1\,000 \times 0.4=400>5, p \sim N\left(\pi, \sqrt{\frac{p(1-p)}{n}}\right)$,

$1-\alpha=0.95, Z=1.96$,

置信区间为 $0.6 \pm 1.96 \times \sqrt{\frac{0.6 \times (1-0.6)}{1\,000}} = 0.6 \pm 0.030$, 即 $0.57 \leqslant \pi \leqslant 0.63$

5. (1) 因为是小样本,样本均值服从 t 分布,$t_{15,0.95}=2.131$,

置信区间为 $\bar{x} \pm t \times \frac{s}{\sqrt{n}}$, $7.632\,535 \pm 2.131 \frac{0.492\,4}{\sqrt{16}}$, $[7.371, 7.895]$

(2) 若已知总体方差为 0.3,样本均值近似服从正态分布,置信系数为 95% 时,$Z=1.96$,所求置信区间为:$\bar{x} \pm z \times \frac{\sigma}{\sqrt{n}}$, $7.632\,535 \pm 1.96 \frac{0.492\,4}{\sqrt{16}}$, $[7.391, 7.847]$

6. (1) 小样本,样本均值服从 t 分布,$t_{7,0.95}=1.895$, $\bar{x}=\frac{\sum x}{n}=\frac{122.8}{8}=15.35$, $S=\sqrt{\frac{\sum(x-\bar{x})^2}{n-1}}=1.57$

所求置信区间为 $15.35 \pm 1.895 \frac{1.57}{\sqrt{8}}$, $[14.30, 16.40]$

7. 样本比率 $P=340/1\,400=0.243$

所求置信区间为 $P \pm z\sqrt{\frac{P(1-P)}{n}}$, $0.243 \pm 1.65 \times 0.03$, $[0.224\,1, 0.261\,9]$

8. (1) 大样本,总体标准差已知,样本均值近似服从正态分布。得 $\bar{x}=1\,524, \sigma=30, Z=1.96$

所求置信区间为 $\left[\bar{x} \pm Z\frac{s}{\sqrt{n}}\right] = [1\,524 \pm 1.96 \times 3]$, $[1\,518.12, 1\,529.88]$

(2) 样本比率 $P=90/100=0.9$

所求置信区间为 $P\pm z\sqrt{\dfrac{P(1-P)}{n}}=0.9\pm1.96\times0.03$，[0.841 2,0.958 8]

9. 这是在总体分布和方差都未知的情况下对总体均值和总体比率进行区间估计的问题。由于是大样本，根据中心极限定理，样本均值和样本比率都近似服从正态分布，总体方差可以用样本方差来近似，置信系数为 95% 时，$Z=1.96$，因此，可得所求置信区间分别为：

(1) $\bar{x}\pm Z\dfrac{s}{\sqrt{n}}=350\pm1.96\times47/\sqrt{400}=350\pm4.606$

即平均每户支出额的 95% 置信度的置信区间为[345.393,354.606]元。

(2) 样本比率 $P=40/400=0.1$

$$P\pm z_{\alpha}\sqrt{\frac{P(1-P)}{n}}=0.1\pm1.96\times\sqrt{\frac{0.1\times0.9}{400}}=0.1\pm0.029\ 4$$

即支出额在 600 元以上的户数所占比率在[7.06%,12.94%]内。

10. 已知 $n=100$，$\bar{X}=48.7$，$S=5.8$。虽然总体分布未知，由于是大样本，根据中心极限定理，样本均值近似服从正态分布，总体方差可以用样本方差来近似。即：

(1) 总体平均每块样地产量的置信区间分别(对应于 70%、95%、99% 置信度)为：

$$[48.7\pm1.036\times5.8/\sqrt{100}]=[48.7\pm0.6]=[48.1,49.3]$$

$$[48.7\pm1.96\times5.8/\sqrt{100}]=[48.7\pm1.14]=[47.56,49.84]$$

$$[48.7\pm2.58\times5.8/\sqrt{100}]=[48.7\pm1.5]=[47.2,50.2]$$

可见，置信系数增大，所估计的区间也随之变宽。

(2) 若 $n=400$，总体平均每块样地产量的置信区间(95% 的置信度)为：

$$[48.7\pm1.96\times5.8/\sqrt{400}]=[48.7\pm0.57]=[48.13,49.27]$$

可以看出，样本量增加 3 倍，估计的区间的宽度由原来的 22.8 缩小到 11.4，缩小了一半。

11. 女生和男生样本平均成绩分别为 $\bar{x}_1=78$，$\bar{x}_2=76$，由于是大样本，样本均值之差近似服从正态分布。据题意，两个总体均值无差异。两个总体均值之差的方差为：$\dfrac{\sigma_1^2}{n_1}+\dfrac{\sigma_2^2}{n_2}=\dfrac{11^2}{40}+\dfrac{14^2}{60}=6.292$，所以 $\bar{x}_1-\bar{x}_2\sim N(0,6.292)$

女生和男生成绩差异的置信区间：$\bar{x}_1-\bar{x}_2\pm z\sqrt{\dfrac{s_1^2}{n_1}+\dfrac{s_2^2}{n_2}}=2\pm1.65\ \sqrt{6.292}=2\pm4.13$

即[−2.13,6.13],这个区间包含0,可以认为女生和男生成绩无差异。

12. $n_1=361>30, n_2=400>30$,且两样本彼此独立,由中心极限定理可得,$\bar{x}_1-\bar{x}_2$ 近似服从正态分布。$1-\alpha=95\%$ 时,查表得 $Z_\alpha=1.96$

$$\sigma_{\bar{x}_1-\bar{x}_2}=S_{\bar{x}_1-\bar{x}_2}=\sqrt{\frac{S_1{}^2}{n_1}+\frac{S_2{}^2}{n_2}}=0.28$$

则可得年青白领和在校大学生上网时间差异置信区间为:

$$\bar{x}_1-\bar{x}_2\pm z\sqrt{\frac{s_1^2}{n_1}+\frac{s_2^2}{n_2}}=(35-31)\pm1.96\times0.28,\ [3.451\ 2,4.5\ 488]$$

13. 已知

$$n_1=400,n_2=900,1-\alpha=0.95,Z=1.96,\bar{x}_1=14\ 000,\bar{x}_2=15\ 000$$

$s_1=1\ 200, s_2=1\ 250$,由中心极限定理知:$\bar{x}_1-\bar{x}_2\sim N\left(\mu_1-\mu_2,\sqrt{\frac{s_1^2}{n_1}+\frac{s_2^2}{n_2}}\right)$

$$S_{\bar{x}_1-\bar{x}_2}=\sqrt{\frac{1\ 200^2}{400}+\frac{1\ 250^2}{900}}=73.05$$

甲、乙两城市职工每户平均购买耐用消费品支出平均数间差异的置信区间为:$\bar{x}\pm 1.96\times7.305=1\ 000\pm143.18$,[856.82,1 143.18]

14. 已知

$$n_1=529,n_2=625,p_1=\frac{386}{529}=0.729\ 7,p_2=\frac{438}{625}=0.700\ 8,\alpha=0.1,z=1.645$$

且 $\begin{cases}n_1p_1\geqslant5\\ n_1(1-p_1)\geqslant5\end{cases}$ $\begin{cases}n_2p_2\geqslant5\\ n_2(1-p_2)\geqslant5\end{cases}$,$x_x-x_2$ 近似服从正态分布。

$$S_{p_1-p_2}=\sqrt{\frac{p_1(1-p_1)}{n_1}+\frac{p_2(1-p_2)}{n_2}}$$

$$=\sqrt{\frac{0.729\ 7\times(1-0.729\ 7)}{529}+\frac{0.700\ 8\times(1-0.700\ 8)}{625}}$$

$$=0.000\ 7$$

置信区间为 $p_1-p_2\pm z\times S_{p_1-p_2}$

A 市与 B 市的电脑拥有率差异的置信区间为

[0.028 9 ± 1.645 × 0.000 7] = [0.028 9 − 0.001 2,0.028 9 + 0.001 2]

即[0.027 7,0.030 1]

15. 这是两个总体比率之差的区间估计问题,由于两个样本均为大样本,样本比率之

差的分布近似服从正态分布，两个企业合格品比率之差的置信区间为

$$(0.91-0.853\,3)\pm 1.96\times\sqrt{\frac{0.91\times 0.09}{100}+\frac{0.853\,3\times 0.146\,7}{150}}\quad 即[0.057\pm 0.079\,7]$$

16. $n=\frac{z^2}{4e^2}=\frac{2^2}{4\,(0.02)^2}=2\,500$

17. 分别需要抽取的样本数量为 601，1 068，2 401，9 604。

18. 在总体比率没有任何可参考信息的情况下，可取 $p=0.5$，这是最谨慎的做法。因此，所求样本量应为：

$$n=\frac{z_\alpha^2}{e^2}=\frac{(1.645)^2\times 0.5\times 0.5}{(0.02)^2}=1\,691.27\approx 1\,692$$

从理论上讲，所求的是最低限度的样本量。所以，为了满足规定的允许误差的要求，对计算结果按向上取整原则，样本量应为 1 692。

19. 置信系数为 90% 时，$n=\frac{z_\alpha^2}{4e^2}=\frac{(1.96)^2}{4\,(0.03)^2}=1\,067.1\approx 1\,068$

置信系数为 99% 时，$n=\frac{z_\alpha^2}{4e^2}=\frac{(2.58)^2}{4\,(0.03)^2}=1\,849$

第六章　假设检验

一、学习目的和要求

通过本章的学习,理解假设检验的基本思想,理解假设检验中的基本概念,掌握假设检验的一般步骤,了解建立原假设的原则。理解假设检验中两类错误的含义以及可能犯两类错误的概率之间的关系。掌握单个正态总体均值的假设检验方法及其应用,掌握两个正态总体均值之差的假设检验方法及其应用。掌握单个总体比率及两个总体比例率之差的假设检验方法及其应用。能够运用 *SPSS* 实现上述假设检验方法,并正确解读 *SPSS* 的输出结果。

二、主要概念和内容

(一) 假设检验的基本思想

先对总体参数提出某种假设,然后利用样本信息判断假设是否成立的过程称为假设检验。假设检验的推理过程是带有概率性质的反证法。它先承认待检验的假设成立,然后观察在假设前提下样本的出现是否属于小概率事件。因为小概率事件在一次试验中是不可能发生的。如果一次抽样所得到的样本使得本不该发生的小概率事件却发生了,则应该否定假设。

由于抽样的随机性,通过样本信息统计量推断总体参数可能出现差异,即抽样误差。如果差异超过了统计学规定的某一误差限度,说明这一误差不属于抽样误差,而是说明在总体上确实存在差异,这种情况叫做差异显著。反之,叫做差异不显著,说明这种差异主要来源于抽样误差。

(二) 原假设和备择假设

原假设:也称零假设,需要通过样本信息验证的、关于总体参数的一种说法或陈述,用 H_0 表示。

备择假设:与原假设相对立的假设,当原假设被拒绝时所选择的假设,用 H_1 表示。

(三) 检验统计量

用于检验的统计量,反映样本的信息,不含未知总体参数。检验过程就是依据检验统计量及其概率分布来判断在原假设成立的前提下,样本的实现值是否属于小概率事件。

(四) 拒绝域

当检验统计量的观察值落在某个区域,按照检验规则应该拒绝原假设的区域。即小概率事件发生的概率 α。

(五) 单尾检验和双尾检验

单尾检验:拒绝域在一侧的检验。又分为左单尾检验和右单尾检验。左单尾检验的拒绝域在左侧;右单尾检验的拒绝域在右侧。

双尾检验:拒绝域在两侧的检验。

(六) P 值

原假设成立时,检验统计量的伴随概率,又称为观测的显著性水平,原假设被拒绝的最低显著性水平。

(七) 假设检验的步骤

(1) 提出原假设和备择假设;

(2) 确定合适的检验统计量及相应的抽样分布;

(3) 选择检验的显著性水平 α,确定决策规则;

(4) 进行实际抽样,根据样本数据计算出检验统计量的实现值;

(5) 按照决策规则作出决策并得出结论。

(八) 假设检验中的两类错误

假设检验是根据样本信息、基于小概率原理进行检验的,所以检验的结论不一定正确。假设检验有可能犯两类错误:一类称为Ⅰ型错误(弃真错误),即原假设为真时,却认为原假设不真实,拒绝了正确的原假设,犯这类错误的概率为 α(即显著性水平)。另一类称为Ⅱ型错误(取伪错误),即原假设不真时却认为原假设为真,接收了错误的原假设,犯这类错误的概率用 β 表示。

三、难点和重点

(一) 怎样提出原假设和备择假设

原假设和备择假设的提出,应根据所检验问题的具体背景而定,通常与所要检验的问题的性质、决策者的目的和经验等有关。

首先确定假设检验的类型是属于双尾检验还是单尾检验。如果只关心总体参数与某个数值有无差异,不关心差异的方向,就采用双尾检验。如果不仅关心有无差异,而且关心总体参数是否大于或小于某个数值,就应该采用单尾检验。

在单尾检验中,是选择左单尾还是右单尾?通常有以下几条参考准则:

(1)采取"不轻易拒绝原假设"的原则,把没有充分理由不能轻易否定的命题作为原假设,而相应地把没有足够把握就不能轻易肯定的命题作为备择假设。因为拒绝原假设犯错误的概率 α 是受到控制的,而且 α 通常很小,因此拒绝原假设即承认备择假设的结论一般都非常有说服力。

(2)把样本显示的信息(它是我们获取的事实,代表"现实世界")作为备择假设 H_1,再将相反的命题作为原假设 H_0(它往往代表的是以往的经验,原来的状态、看法或理论)。

(3)把想要证明的命题或想要支持的结论作为备择假设 H_1,再将相反的命题作为原假设 H_0。

(二)假设检验结果的解释

根据假设检验的决策准则,如果 P 值小于 α,就应该拒绝原假设,支持备择假设;反之,则不能拒绝原假设。在解释假设检验的结论时,必须注意两点:

其一,"不能拒绝原假设"并不等于"原假设正确",因为假设检验运用的是概率性质的反证法,用于推断的依据只是一个样本,而用一个实例去证明某个命题是正确的,这在逻辑上理由是不充分的。不能拒绝原假设,只能说明否定原假设的理由还不充分。但事实上,有可能原假设不正确而我们根据有限的样本信息误认为它正确,也就是说,我们的判断有可能犯取伪错误,但我们通常无法确知犯取伪错误的概率 β 的大小。

其二,拒绝原假设时我们通常说检验是显著的,即总体参数的真值与原假设值的差异在统计上是显著的。但统计显著并不意味着实际显著。统计显著是指差异是可识别的,并不说明参数的真实值与原假设值的差异很大。例如对大学生的月消费平均支出进行假设检验:$H_0: \leqslant 300, H_1: >300$,当拒绝 H_0 时可认为大学生的月消费平均支出大于300元,但到底比300元高多少?假设检验的结论并不能告诉我们。

实际上,是否得出拒绝原假设 H_0 的结论,不仅取决于样本信息与原假设的差异有关,也与 α、n 有关。在这种差异和 n 相同的情况下,α 大,就容易拒绝原假设。

(三)α 错误和 β 错误的关系

进行假设检验时,我们总希望犯两类错误的可能性都很小,然而,在其他条件不变的情况下,α 和 β 是此消彼长的关系,二者不可能同时减小。若要同时减小 α 和 β,只能增大样本量 n。一般总是控制 α,使犯错误的概率不大于 α,α 是允许犯弃真错误的最大概率值(而 P 值相当于根据样本计算的犯弃真错误的概率值,故 P 值又称为观测的显著性水平)。但确定 α 时必须注意,如果犯弃真错误的代价较大,α 可取小些;相反,如果犯取伪错误的代价较大,则 α 宜取大些(以使 α 较小)。

β即备择假设为真时,检验统计量的值落在不能拒绝原假设区域的概率。如果备择假设中参数的值是一个点,则可计算出β的值,因为备择假设中的参数取值是一个区域,所以一般无法计算出β的确切数值,但可以计算出β随假设的参数值的变化而变化的曲线(功效曲线)。

(四)假设检验与区间估计的关系

假设检验与区间估计是统计推断的两种重要方法。二者殊途同归,解决问题的思路不同,各有不同的特点。

两者的区别是:区间估计立足于大概率,通常以较大的置信度$(1-\alpha)$去估计总体参数的置信区间。而假设检验立足于小概率,通常是给定很小的显著性水平α去检验关于总体参数的某个先验假设是否成立。在假设检验中,人们更关注小概率事件是否发生。

置信区间常常是以样本估计量为中心加减估计误差范围而得到的,可以不依赖于总体参数的先验信息,而假设检验是希望以样本为依据来验证或推翻原假设,通过检验得到的是拒绝原假设的证据的强弱,假设检验的结论则是着眼于对原假设的判断。

两者的联系是:两者都是根据样本信息对总体参数进行推断,都是以抽样分布为理论依据,推断结果都不是绝对正确而是有一定的可靠度或风险(都有可能犯错误)。对相同条件下同一参数的区间估计和假设检验,使用的是同一个统计量、同一种分布(如推断总体均值,通常都是使用样本均值这个统计量来推断,并且都要以这个统计量的抽样分布为推断的理论依据),也可以使用同一个样本,因而利用置信区间也可以进行假设检验。置信度$1-\alpha$的置信区间,与显著性水平α下不能拒绝原假设的参数假设值的集合相对应,即在显著性水平α下接受原假设,则$1-\alpha$的区间必然覆盖总体参数,若在显著性水平α下拒绝原假设,则$1-\alpha$的区间不会覆盖总体参数。

四、练习题

(一)判断题

1. 显著性水平越高,原假设为真被拒绝的可能性就越高。

2. 假设检验中显著性水平α是表示原假设不真实的概率。

3. 在假设检验中,原假设和备择假设的地位是相等的。

4. 在进行单尾检验时,如果将原假设和备择假设互换方向,其检验结论也正好相反。

5. 当检验统计量的实现值落在显著性水平区域内,说明样本统计量与总体参数的差异并非来源于抽样误差。

6. 对一组高血压患者采用中、西医两种治疗方法,若疗效检验的结果显示P值<0.000,说明两种治疗方法无显著差异。

7. 为了解学生参加英语培训是否能提高英语考试成绩，对某高校学生培训前后的英语成绩进行检验，这属于配对样本的检验。

8. 对两个方差未知但其他信息表明其相等的正态总体进行检验，自由度应为 n_1+n_2-2。

9. 根据样本信息对总体参数进行检验而做出决策会面临两种风险。

10. 在进行假设检验时，只要总体服从正态分布，就应该使用 Z 检验统计量。

（二）单项选择题

1. 进行假设检验时，在样本量一定的条件下，犯第一类错误的概率减小，犯第二类错误的概率就会（　　）。

A. 减小　　B. 增大　　C. 不变　　D. 不确定

2. 假设检验中的显著性水平 α 表示（　　）。

A. H_0 为真时拒绝 H_0 的概率　　B. H_0 为真时接受 H_0 的概率

C. H_1 为真时拒绝 H_1 的概率　　D. 检验结果犯第一类错误的最小概率

3. 当样本统计量的实现值未落入原假设的拒绝域时，说明（　　）。

A. 原假设是正确的　　B. 没有充足的理由否定原假设

C. 没有充足的理由否定备择假设　　D. 备择假设是错误的

4. 在下列几个实际检验得到的 P 值中，哪个拒绝原假设的理由最充分（　　）。

A. 95%　　B. 50%　　C. 5%　　D. 1%

5. 进行假设检验时，在其他条件不变的情况下，增加样本量，检验结论犯两类错误的概率会（　　）。

A. 都增大　　B. 都减小

C. 都不变　　D. 一个增大一个减小

6. 在假设检验中，$1-\beta$ 是指（　　）。

A. 拒绝了一个真实的原假设的概率　　B. 接受了一个真实的原假设的概率

C. 拒绝了一个错误的原假设的概率　　D. 接受了一个错误的原假设的概率

7. 关于检验统计量，下列说法中错误的是（　　）。

A. 检验统计量是样本的函数

B. 检验统计量包含未知总体参数

C. 在原假设成立的前提下检验统计量的分布是明确可知的

D. 检验同一总体参数可以用多个不同检验统计量

8. 假设检验中，标准化检验统计量 =（点估计量 - 总体假设值）÷（　　）。

A. 点估计量的抽样误差　　B. 样本标准差

C. 总体标准差　　D. 点估计量的抽样标准差

9. 在假设检验中,不拒绝原假设意味着(　　)。

A. 原假设肯定是正确的

B. 备择假设肯定是错误的

C. 没有充分理由证明原假设是正确的

D. 没有充分理由证明原假设是错误的

10. 如果某项假设检验的结论在 0.05 的显著性水平下拒绝了原假设,则错误的说法是(　　)。

A. 在 0.10 的显著性水平下必定也是显著的

B. 在 0.01 的显著性水平下不一定显著

C. 原假设为真的概率小于 0.05

D. 检验的 P 值不大于 0.05

11. 对两个样本均值进行 t 检验所得 P 值越小,则说明(　　)。

A. 两样本均值差异越大

B. 两总体均值差别越大

C. 越有理由认为两总体均值差异显著

D. 越有理由认为两样本均值差异显著

(三) 多项选择题

1. 下列表述正确的是(　　)。

A. α 是拒绝了一个真实的原假设的概率

B. α 是接受了一个真实的原假设的概率

C. β 是拒绝了一个错误的原假设的概率

D. β 是接受了一个错误的原假设的概率

E. $1-\alpha$ 是接受了一个真实的原假设的概率

2. 在其他条件不变的情况下,增大样本量会对统计推断产生的影响有(　　)。

A. 扩大置信区间的宽度　　B. 缩小置信区间的宽度

C. 同时减少犯两类错误的概率　　D. 同时增加犯两类错误的概率

E. 检验的 P 值更小

3. 下列关于 β 错误说法正确的有(　　)。

A. 是在原假设真实的条件下发生的

B. 是在原假设不真实的条件下发生的

C. 决定于原假设和实际值之间的差异

D. 原假设和实际值之间的差异越大,犯 β 错误的可能性就越小

E. 原假设和实际值之间的差异越小，犯β错误的可能性就越大

4. 选择检验统计量时需要考虑的因素有(　　)。

A. 所检验的总体参数的分布形态　　B. 样本量的大小

C. 总体方差是否已知　　D. 是双尾检验还是单尾检验

E. 显著性水平

5. 关于检验的P值，下列说法正确的是(　　)。

A. 检验的P值是拒绝原假设的最小显著性水平

B. 检验的P值表示原假设为真的概率

C. P值可表示样本信息对原假设的支持程度

D. P值也称为观测的显著性水平

E. 在右单尾检验中，P值等于检验统计量大于或等于实现值的概率

(四) 计算题

1. 某糖厂用自动包装机装绵白糖，标准重量500克，假设白糖每包重量服从正态分布。某日开工后随机抽查10包的重量如下：494，495，503，506，492，493，498，507，502，490(单位：克)。在显著性水平为0.05时判断该日自动包装机是否正常。

2. 某公司向航天部门推销一种新电池，供通讯卫星在空中使用。目前所使用的电池的平均寿命为550小时，新电池的寿命只有超过此值才可以使用。对新电池抽样100只，测得其平均寿命为565小时，标准差为200小时。试以5%的显著性水平进行假设检验，决定是否订货购买新电池。

3. 有一种电子元件，要求其使用寿命不得低于1 000小时。已知这种元件的使用寿命服从标准差为100小时的正态分布。现从一批元件中随机抽查了25件，测得平均使用寿命为972小时。

(1) 试在0.05的显著性水平下，检验这批电子元件是否合格；

(2) 假如上述样本平均寿命是对50件样品检查的结果，在其他条件不变的情况下，判断这批电子元件是否合格。

4. 为了确保出口产品质量，某进出口公司对一批出口挂钩进行了抽样调查。按合同规定，这批出口挂钩平均最大承受拉力应大于10 000公斤，已知标准差为2 000公斤。出口一批不合格的产品会造成较大的损失。

(1) 表述零假设和对立假设。解释Ⅰ型错误和Ⅱ型错误的具体含义。

(2) 若$n=400$，$\alpha=0.05$，写出接受域和拒绝域。

(3) 若$\bar{x}=10\ 310$公斤，是否认为这批货物是合格的？

(4) 报告P值。

5. 对甲、乙两种品牌的手机充电电池充电后使用时间进行调查,各抽取10块电池得到样本数据如下:

单位(小时)

甲	59	61	63	49	55	50	63	58	57	54
乙	39	43	41	40	50	45	52	48	46	38

已知手机充电电池的使用时间服从正态分布,据以上信息断定甲品牌电池比乙品牌的使用时间至少长10小时,这种判断的 P 值是多少?

6. 某高校近几年学生英语考试成绩的均值为73分,方差为220.5分。今年随机抽取由200名学生组成的一个样本,样本均值为71.15分,当显著性水平为5%时,

(1) 今年学生考试成绩与往年是否处于同一水平?

(2) 今年学生考试成绩是否比往年有显著下降?所得结论与上述结论有无不同?这说明什么问题?

(3) 用置信区间对(1)进行检验。

7. 龙化公司是专门从事防腐工程施工,防腐材料研究、开发、制造的专业化工程公司。公司承担了西部原油成品油管道防腐管的制造工程。原生产线生产的防腐管的防腐层厚度在2.5mm之内。从国外引进一条3PE的专用生产线。技术人员对该生产线进行了现场调试,测试得到30个数据,其均值为2.683 3,标准差为0.147 4。在0.05的显著水平上能否得出引进生产线所生产的防腐管的防腐层厚度超过2.5mm的结论?

8. 三年前某企业人力资源部对员工的智商进行测定,平均智商为105分。三年来员工流动的总趋势是整体素质在提高。人力资源部想知道现在员工智商平均分是否比三年前有所提高。从员工中随机抽取了一个62人的样本,测得样本均值106.55分,样本标准差14.63分。问当 $\alpha=0.05$ 时,样本数据是否支持人力资源部关于员工智商平均分比三年前有所提高的假设?

9. 泰民是一家专门生产灭蟑螂药械的高科技公司,其系列产品中有一种杀蟑粉剂。最近销售部门反馈,有的老顾客反映药品重量好像比标准重量160克/瓶轻了。质检部门随即对近期杀蟑粉剂的生产情况进行复检。按照系统抽样调出上月10日、20日、30日产品得到的3箱共60瓶粉剂的检测报告,样本均值为159.516 7克,样本标准差为1.523 7克,在 $\alpha=0.05$ 下,检验样本数据是否支持顾客的怀疑意见?

10. 某企业生产工人分为早班和晚班两个班次。上月质量检验的结果是,从早班抽查产品100只,91只合格;从晚班抽查产品150只,128只合格。在 $\alpha=0.05$ 下,检验早班和晚班的生产质量是否有显著差异。

11. 某调查机构对 A、B 两个地区居民拥有电脑的情况进行了抽样调查。在 A 区调查的样本量为 80 家,其中有电脑的家庭占 56 家;在 B 区调查了 100 家,其中有电脑的家庭占 51 家。根据这些信息,有人认为 A 地区居民拥有电脑的比例至少比 B 地区高出 10 个百分点。对这个结论进行检验的 P 值是多少?

12. 某医药公司宣称其生产的一种新的降压药功效显著,随机抽取了 15 位高血压患者,对其服用该种新药前后的血压进行了测试,得到下列数据:

服药前血压	120	136	160	98	115	110	180	190	138	128	146	157	123	119	187
服药后血压	118	122	143	99	105	180	175	205	112	136	149	156	104	101	187

假定服用该种降压药前后的血压服从正态分布,能否相信医药公司的广告是真实的?($\alpha=0.05$)

13. 减肥中心的广告中称一种减肥锻炼方法可使锻炼人员的体重平均至少减少 8 公斤,从减肥中心随机抽选 10 名顾客,记录了他们在参加减肥锻炼前后的体重情况,以 5% 的显著水平检验该种锻炼方法的有效性。

顾　客	1	2	3	4	5	6	7	8	9	10
锻炼前体重(千克)	86	88	100	94	88	80	88	92	95	106
锻炼后体重(千克)	75	80	90	85	76	71	77	83	82	91

14. 我国所生产的景泰兰金星钢笔在 A 国市场上的顾客占全部购买金笔顾客总数的 35%。现又在该国市场推销一种新型的景泰兰金笔,随机抽取 800 名购买各种金笔的顾客进行调查,其中有 320 人购买了新式景泰兰金笔。在 $\alpha=0.05$ 下,这种新型金笔是否较原产品有较高的竞争能力?

15. 某进出口公司为了扩大某种出口货物的销路,改进了商品的装潢。根据国外某代理商所属零售店的销售记录,在改用新装潢后的 60 天内,每天平均出售 1 090 件,标准差为 54 件,而据未改进装潢前 80 天的记录,每天平均出售 1 050 件,标准差为 60 件。在 $\alpha=0.011$ 下,能否判断由于改进了装潢而扩大了销路?

16. 某大型连锁超市准备安装新式电子结算系统。现在有 A、B 两家系统集成公司推销其产品。该连锁超市决定实际运行后依抽样结果作鉴定。在第一连锁店和第二连锁店分别安装 A、B 两家公司的结算系统。按随机方式从第一连锁店的结算记录中抽取了 120 笔业务,从第二连锁店的结算记录中抽取了 100 笔业务,有关统计量如下:

	第一连锁店(A 公司)	第二连锁店(B 公司)
样本容量	120	100
平均结算时间(分)	3.8	3.3
结算时间标准差(分)	2.2	1.5

在 $\alpha=0.05$ 下,检验两家系统集成公司的结算系统的平均结算时间在总体上有无差异。

17. 一客户怀疑甲、乙两个公司生产的某一化学制品的纯度可能不同。从两公司产品中各自随机抽取 10 个样品,测得百分比纯度如下:

	甲公司	乙公司
样本容量	10	10
平均纯度(%)	72	74
纯度标准差(%)	2.1	3.2

已知两公司制品的纯度都服从正态分布,且总体标准差相等。在 $\alpha=0.05$ 下,判断两个公司该化学制品的纯度是否存在显著差异。

五、参考答案

(一) 判断题

1. √ 2. × 3. × 4. × 5. √ 6. × 7. √ 8. √ 9. √ 10. ×

(二) 单项选择题

1. B 2. A 3. B 4. D 5. B 6. C 7. B 8. D 9. D 10. C 11. C

(三) 多项选择题

1. ADE 2. BCE 3. BCDE 4. ABC 5. ACDE

(四) 计算题

1. 这是个总体方差未知小样本情况下对正态总体均值的检验问题,由于只关心平均重量是否为 500 克,即机器正常,所以采用双侧检验。

建立假设:

$H_0:\mu=500$, $H_1:\mu\neq500$

当 $\alpha=0.05$,双尾 $t_{9,0.05}=\pm2.262$

$\because \bar{x}$ 服正分布, $n=10<30$, $t=\dfrac{\bar{x}-\mu}{s\sqrt{n}}\sim t(9)$

$$t = \frac{\bar{x} - \mu}{s/\sqrt{n}} = \frac{498 - 500}{6.11/\sqrt{10}} = \frac{-2}{1.93} = -1.035$$

$\because t = -1.035 < 2.262$　拒绝原假设，$\therefore$ 机器正常

此题用 *SPSS* 求解的输出结果如下：

One-Sample Statistics

	N	Mean	Std. Deviation	Std. Error Mean
重量	10	498.000 0	6.110 10	1.932 18

One-Sample Test

	Test Value = 500					
	t	df	Sig. (2-tailed)	Mean Difference	95% Confidence Interval of the Difference	
					Lower	Upper
重量	-1.035	9	.328	-2.000 00	-6.370 9	2.370 9

2. 总体分布不明确，因 $n>30$ 为大样本，根据中心极限定理，$\bar{x}$ 的分布可以视为正态分布。

建立假设：

$H_0:\mu\leqslant 550,\ H_1:\mu>550$

$\bar{x}\sim N\left(\mu_0,\frac{S}{\sqrt{n}}\right)$，$\alpha=0.05$，单尾 $Z=1.645$

若 $\bar{x}>550+1.645\times 20=582.9$　则拒绝 H_0

$\because \bar{x}=565<582.9$，落入接受域

认为平均寿命小于 550 小时

p 值 $=p(\bar{x}\leqslant 565/\mu=550)$

$$=0.5-p\left(0\leqslant Z\leqslant\frac{565-550}{200/\sqrt{100}}\right)$$

$$=0.5-p(0\leqslant Z\leqslant 0.75)$$

$$=0.5-0.273\ 4=0.226\ 6$$

$p>\alpha$，落入接受域。故不购买新电池。

3. 在总体方差已知情况下对正态总体均值的检验，采用 Z 检验。

建立假设:$H_0:\mu \geqslant 1\ 000$, $H_1:\mu < 1\ 000$

(1) $Z = \dfrac{\overline{X} - \mu_0}{\sigma/\sqrt{n}} = \dfrac{972 - 1\ 000}{100/\sqrt{25}} = -1.4$, P 值 $= P(Z \leqslant -1.4) = 0.080\ 8$

给定的 $\alpha = 0.05$,由于 P 值 $> \alpha$(或者由于临界值 $-Z_{0.05} = -1.645$,检验统计量 $Z = -1.4$落在拒绝域外),所以不能拒绝 H_0(即不能否定这批元件不合格)。

(2) $n = 50$, $Z = \dfrac{\overline{X} - \mu_0}{\sigma/\sqrt{n}} = \dfrac{972 - 1\ 000}{100/\sqrt{50}} = -1.98$, P 值 $= P(Z \leqslant -1.98) = 0.023\ 85$

由于 P 值 $< \alpha$(或:检验统计量的实现值 -1.98 在拒绝域内),因此可以在 0.05 的显著性水平下拒绝 H_0,即可以认为这批电子元件不合格。

4. 设 μ 表示被调查挂钩的平均最大承受拉力,则

(1) 建立假设:

$H_0:\mu \leqslant 10\ 000$ 公斤, $H_1:\mu > 10\ 000$ 公斤

Ⅰ型错误是设挂钩的最大承受拉力没有或低于 10 000 公斤

即 H_0 为真时($\mu \leqslant 10\ 000$ 公斤),但公司由样本数据却得到错误的结论,认为 $\mu >$ 10 000 公斤,这样导致出口一批不合格的产品,造成较大的损失,影响公司的声誉,并给消费者造成重大损失。

Ⅱ型错误是设挂钩承受拉力大于 10 000 公斤,但公司却得到 H_0 的错误结论,这样会错失商机,未能出口商品,造成一定的损失。

(2) $n = 400$, $\alpha = 0.05$, $\sigma = 2\ 000$ 单尾, $Z = 1.645$

$$\bar{x} \sim N\left(\mu_0, \frac{\sigma}{\sqrt{n}}\right), \text{即 } \bar{x} \sim N(10\ 000, 100)$$

$$C_u = \mu_0 + Z\frac{\sigma}{\sqrt{n}} = 10\ 000 + 1.645 \times 100 = 10\ 164.5\text{kg}$$

若 $\bar{x} > 10\ 164.5$, 拒绝 H_0; 若 $\bar{x} \leqslant 10\ 164.5$,接受 H_0

(3) 当 $\bar{x} = 10\ 310$kg,即 $\bar{x} = 10\ 310 > 10\ 164.5$,拒绝 H_0,即认为设挂钩的平均最大承受力大于 10 000 公斤,认为这些挂钩是合格的。

(4) p 值 $= p(\bar{x} \leqslant 10\ 310 | \mu | = 10\ 000)$

$$= 0.5 - p(10\ 000 \leqslant \bar{x} \leqslant 10\ 300)$$

$$= 0.5 - p\left(0 \leqslant Z \leqslant \frac{10\ 310 - 10\ 000}{100}\right)$$

$$= 0.5 - p(0 \leqslant Z \leqslant 3.1)$$

$=0.5-0.499$

$=0.001$

$\because p<\alpha$, $\therefore$ 拒绝 H_0

5. 因为是小样本，$(\bar{x}_1-\bar{x}_2)$服从 t 分布

$H_0:\mu_1-\mu_2\leqslant 10$，$H_1:\mu_1-\mu_2>10$

P 值见计算机输出结果：

	$\bar{x}_1$	$\bar{x}_2$
平均	56.9	44.2
方差	24.322 22	23.066 67
合并方差	23.694 44	
假设平均差	10	
t Stat	1.240 296	
$P(T<=t)$ 单尾	0.115 395	

6.（1）是双尾检验问题：

建立假设：

$H_0:\mu=73$，$H_1:\mu\neq 73$

$$\bar{x}\sim N\left(\mu_0,\frac{\sigma}{\sqrt{n}}\right)\text{，即 }\bar{x}\sim N\left(73,\sqrt{\frac{220.5}{200}}\right)\text{，双尾，}Z=\pm 1.96$$

$$Z=\frac{\bar{x}-\mu_0}{s/\sqrt{n}}=\frac{71.15-73}{14.85/\sqrt{200}}=\frac{-1.85}{14.85/14.14}=\frac{-1.85}{1.05}=-1.762$$

由于 $Z=-1.762>-1.96$，落入接受域。所以，不能拒绝原假设（即今年学生考试成绩与往年处于同一水平）。

（2）是单尾检验问题：

建立假设：

$H_0:\mu\geqslant 73$，$H_1:\mu<73$

$$\bar{x}\sim N\left(\mu_0,\frac{\sigma}{\sqrt{n}}\right)\text{，即 }\bar{x}\sim N\left(73,\sqrt{\frac{220.5}{200}}\right)\text{，单尾，}Z=-1.65$$

$$Z=\frac{\bar{x}-\mu_0}{s/\sqrt{n}}=\frac{71.15-73}{14.85/\sqrt{200}}=\frac{-1.85}{14.85/14.14}=\frac{-1.85}{1.05}=-1.762$$

$Z=-1.762<-1.645$,所以应该拒绝原假设,即今年学生考试成绩比往年有显著下降。可见,单侧检验比双侧检验更容易拒绝原假设。

(3) 置信区间为 $73\pm1.96\times1.05=73\pm2.06$,即[70.94,75.06],样本均值落在置信区间内。

7. 这是右单尾检验问题,建立假设:

$H_0:\mu\leqslant2.5$,$H_1:\mu>2.5$

$$t=\frac{\bar{x}-\mu_0}{S/\sqrt{n}}=\frac{2.68-2.5}{0.1474/\sqrt{30}}=6.81>1.96$$

拒绝原假设,引进生产线所生产的防腐管的防腐层厚度超过 2.5mm。

8. 这是右单尾检验问题,建立假设:

$H_0:\mu\leqslant105$,$H_1:\mu>105$

大样本,$\bar{x}\sim\left(105,\dfrac{14.63}{\sqrt{62}}\right)$,$\alpha=0.05$,单尾 $Z=1.645$

$$Z=\frac{\bar{x}-\mu_0}{S/\sqrt{n}}=\frac{106.55-105}{14.63\ \sqrt{62}}=\frac{106.55-105}{1.86}=0.834<1.65$$

样本数据不支持人力资源部门关于员工平均智商有所提高的假设。

9. 这是产品的重量标准的检验,是双尾检验问题,建立假设:

$H_0:\mu=160$,$H_1:\mu\neq160$

大样本,$\bar{x}\sim\left(160,\dfrac{1.52}{\sqrt{60}}\right)$,$\alpha=0.05$,双尾 $Z=\pm1.96$

$$Z=\frac{\bar{x}-\mu_0}{s/\sqrt{n}}=\frac{159.52-160}{1.52/\sqrt{60}}=2.157$$

$\because Z=2.157>t_{0.05}=1.96$,拒绝原假设,样本数据支持顾客的怀疑意见。

10. 这是两个总体比率是否相等的检验问题,建立假设:

$H_0:p_1=p_2$,$H_1:p_1\neq p_2$

样本比例 $P_1=0.91$,$P_2=0.8533$

$$Z=\frac{P_1-P_2}{\sqrt{\dfrac{P_1(1-P_1)}{n_1}+\dfrac{P_2(1-P_2)}{n_2}}}=\frac{0.91-0.8533}{\sqrt{\dfrac{0.91\times0.09}{100}+\dfrac{0.8533\times0.1467}{150}}}=1.3944$$

P 值 $=2\times P(Z>1.3944)=2\times0.0816=0.1632$

在 0.05 的显著性水平上不能拒绝原假设(即两个班次合格率的差异不显著)。

11. 设 A 地区居民拥有电脑的比率为 P_1，B 地区居民拥有电脑的比率为 P_2，建立假设：$H_0:p_1-p_2\leqslant 10\%$，$H_1:p_1-p_2>10\%$，样本比率 $P_1=0.7$，$P_2=0.51$

$$Z=\frac{(P_1-P_2)-D_0}{\sqrt{\frac{P_1(1-P_1)}{n_1}+\frac{P_2(1-P_2)}{n_2}}}=\frac{(0.7-0.51)-0.1}{\sqrt{\frac{0.7\times 0.3}{80}+\frac{0.51\times 0.49}{100}}}=1.2573$$

P 值 $=P(Z>1.2573)=0.1043$

12. 本例属于配对样本的假设检验，建立假设：

$H_0:\mu_1-\mu_2\leqslant 0$，$H_1:\mu_1-\mu_2>0$

$\alpha=0.05$，双尾查 $t_{0.1}(14)=1.761$

$$\bar{d}=\frac{\sum d}{n}=1,S_d=\sqrt{\frac{\sum(d-d)}{n-1}}=22.61,t=\frac{\bar{d}}{s_d/\sqrt{n}}=\frac{1}{22.61/\sqrt{15}}=\frac{1}{5.83}=0.171$$

$t=0.171<t_{0.1}(14)=1.761$

不能拒绝 H_0，公司的广告是不真的。

13. 本例属于配对样本的假设检验，建立假设：

$H_0:\mu_d\leqslant 8$，$H_1:\mu_d>8$

$\alpha=0.05$，双尾查 $\alpha=0.10$，$t(9)=1.833$

$\because d\sim Z$ 正态分布，σ 未知，小样本，$\therefore t=\frac{\bar{d}-\mu_d}{s_d/\sqrt{n}}\sim t(9)$

$t\leqslant 1.833$，接受 H_0，若 $t>1.833$，则拒绝 H_0，

$$\bar{d}=\frac{\sum d_i}{n}=\frac{107}{10}=10.7,s_d=\sqrt{\frac{\sum(d-d)^2}{n-1}}=2.163$$

$$t=\frac{10.7-8}{2.163/\sqrt{10}}=2.7/0.68394=3.9477>1.833,$$

拒绝 H_0

14. 设 π 表示顾客购买该种类钢笔的比率，建立假设：

$H_0:\pi\leqslant 0.35$，$H_1:\pi>0.35$

$\because n=800,n\pi\geqslant 5,n(1-\pi)\geqslant 5$

比率抽样分布服从正态分布，即 $p\sim N\left(\pi_0,\frac{\pi_0(1-\pi_0)}{n}\right)$

$\alpha=0.1,\frac{1-2\alpha}{2}=0.40,Z=1.28$

$$\sigma_p = \sqrt{\frac{\pi(1-\pi)}{n}} = \sqrt{\frac{0.35 \times 0.65}{800}} = 0.016\,9$$

若 $p > \pi + Z\sigma_p = 0.35 + 1.28 \times 0.016\,9 = 0.372$,拒绝 H_0

若 $p \leqslant \pi + Z\sigma_p = 0.37$,接受 H_0

$\because p = 320/800 = 0.4 > 0.372$ 落入拒绝域,$\therefore$ 拒绝 H_0,即认为这种新型钢笔比原产品有较高的竞争力。

15. $H_0:\mu_1 - \mu_2 \geqslant 0$, $H_1:\mu_1 - \mu_2 < 0$

$\alpha = 0.01$,单尾 $Z = 2.33$

$\because$ 大样本,$(\overline{x_1} - \overline{x_2})$近似服从正态分布

$$\therefore Z = \frac{(\overline{x_1} - \overline{x_2}) - (\mu_1 - \mu_2)}{\sqrt{\frac{s_1^2}{n_1} + \frac{s_2^2}{n_2}}} \sim N(0,1)$$

$$S_{\bar{x}_1 - {}_1\bar{x}_2} = \sqrt{\frac{s_1^2}{n_1} + \frac{s_2^2}{n_2}} = \sqrt{\frac{54^2}{60} + \frac{60^2}{80}} = 9.67$$

$2.33 \times 9.67 = 22.53$

若 $\bar{x}_1 - \bar{x}_2 \leqslant 22.5$,拒绝 H_0

$\because 1\,090 - 1\,050 = 40 > 22.5$,$\therefore$ 接受 H_0,未能由于改进装潢而扩大了销路。

16. $H_0:\mu_1 - \mu_2 = 0$, $H_1:\mu_1 - \mu_2 \neq 0$

$\alpha = 0.05$,双尾 $Z = 1.96$

$$Z = \frac{(\overline{x_1} - \overline{x_2}) - (\mu_1 - \mu_2)}{\sqrt{\frac{s_1^2}{n_1} + \frac{s_2^2}{n_2}}} \sim N(0,1)$$

$$Z = \frac{3.83 - 3.3}{\sqrt{\frac{2.2^2}{120} + \frac{1.2^2}{100}}} = \frac{0.5}{\sqrt{0.04 + 0.022\,5}} = 2.13 > 1.96$$

拒绝原假设,结算系统在统计上具有显著差异。

17. $H_0:\mu_1 - \mu_2 = 0$, $H_1:\mu_1 - \mu_2 \neq 0$

小样本,两总体方差未知但相等,需要计算合并估计量

$$s_P^2 = \frac{(n_1 - 1)s_1^2 + (n_2 - 1)s_2^2}{n_1 + n_2 - 2} = \frac{(10-1)2.1^2 + (10-1)3.2^2}{10 + 10 - 2} = 7.325$$

$$t=\frac{(\overline{x_1}-\overline{x_2})-(\mu_1-\mu_2)}{\sqrt{\frac{s_p^2}{n_1}+\frac{s_p^2}{n_2}}}=\frac{74-72}{\sqrt{7.325\times\left(\frac{1}{10}+\frac{1}{10}\right)}}=\frac{2}{1.21}=1.6529$$

查自由度为 $n_1+n_2-2=18$，$t_{0.05}(18)=\pm 2.101$，$-2.101<t=1.6529<2.101$，接受原假设。两种化学制品的纯度无显著差异。

第七章　卡方检验和方差分析

一、学习目的和要求

通过本章的学习,掌握列联表和卡方检验的概念,会应用卡方检验进行拟合优度检验和独立性检验,会根据有关数据设计列联表并应用卡方检验对结果进行分析和说明;了解方差分析的基本思想和基本原理,掌握进行方差分析的前提条件和方差分析的具体步骤,并能结合具体问题进行方差分析。能够运用 SPSS 实现长方检验和方差分析,并正确解读 SPSS 的输出结果。

二、主要概念和内容

(一) 卡方检验

卡方检验主要用于拟合优度检验和独立性检验,是非参数检验中广泛应用的方法。

对样本数据是否来自某一理论分布或某一设定的总体比率进行检验,称为拟合优度检验。判断样本数据的两个变量之间是否有联系的检验称为独立性检验。

(二) 拟合优度检验统计量

$$\chi^2=\sum_{i=1}^{r}\frac{(x_i-n\pi_i)^2}{n\pi_i}$$

式中,x_i 表示对样本分类整理的实际频数(观察数);i 表示分类序号;r 表示分类数目;n 表示总频数(观察值之和),有 $n=\sum x_i\,(i=1,2,\cdots,r)$;$\pi_i$ 用来表示设定的总体比率。χ^2 统计量服从自由度为 $(r-1)$ 的卡方分布。卡方分布的均值等于其自由度,方差 2 倍于其自由度。随着自由度的增加,卡方分布以正态分布为极限。

(三) 列联表

列联表根据研究变量的多少分为二维列联表和多维列联表。二维列联表是按不同属性的两个变量进行交叉分组所得到的频数分布表。

(四) 独立性检验统计量

$$\chi_v^{2*} = \sum_{j=1}^{k} \sum_{i=1}^{r} \frac{(O_{ij} - E_{ji})^2}{E_{ij}}$$

式中,O_{ij}表示同时具有属性一的第 j 类特征和属性二的第 i 类特征的观察频数;

E_{ij}表示同时具有属性一的第 j 类特征和属性二的第 i 类特征的期望频数;

ν 表示自由度$(r-1)(k-1)$。

(五) 应用卡方检验应注意的问题

(1) 要求试验的次数比较多;

(2) 每格中期望的理论次数不得小于5。如果有哪格的期望值小于5,该格需要与其上或其下邻格合并,得到新的观察值和期望值计算检验统计量。

(六) 方差分析及方差分析的前提条件

方差分析是检验多个总体均值是否存在显著差异的统计推断方法,是假设检验问题的进一步扩展。所研究的问题只涉及一个因素的,称单因素方差分析(又称完全随机设计)。所研究的问题涉及两个因素的,称双因素方差分析(又称随机区块设计)。

应用方差分析时样本数据应该满足的三个条件:(1) 各样本相互独立;(2) 样本数据均来自正态总体;(3) 样本所属的各总体方差相等。

(七) 单因素方差分析的基本思想

在试验或观察中,影响样本数据波动有两个来源:一个是由于不同的处置方式造成的,如促销策略不同、教学方式不同等,这种差异称为系统性差异;另一个是由于抽样产生的随机差异,如相同的促销策略在不同工作日中的销售量也是不同的,使用相同的教学方法学生的考试成绩也会有区别。这两方面的差异可以用两个方差来计量,一个称组内方差,一个称组间方差,组内方差只包括随机差异;组间方差既包括系统性差异,也包括随机差异。如果不同的处置方式对观察值没有影响,组间方差就只有随机差异而没有系统差异。组间方差与组内方差的比值就会非常接近。反之,如果不同的处置方式对观察值有影响,组间方差与组内方差的比值就会相差很大。当这个比值大到足以超过某个临界值时,就可判断不同处置方式之间存在着显著性差异。方差分析就是通过对组间方差与组内方差的比值,构造 F 检验统计量,作出接受还是拒绝原假设的结论。双因素方差分析的原理与单因素相同,只是在分析时考虑了两个因素的影响。

(八) 总离差平方和

反映全部样本观测值的差异,公式为:

$$SST = \sum_{j=1}^{k} \sum_{i=1}^{n_j} (x_{ij} - \bar{\bar{x}})^2$$

（九）处置平方和

反映不同处置下样本均值之间的差异，它即包括随机误差，也可能包括系统性误差，公式为：

$$SSC = \sum_{j=1}^{k} \sum_{i=1}^{n_j} (x_{ij} - \bar{\bar{x}}_j)^2$$

（十）误差平方和

反映相同处置下样本观察值由于随机波动引起的误差。公式为：

$$SSE = \sum_{j=1}^{k} \sum_{i=1}^{n_j} (x_{ij} - \bar{x}_j)^2$$

（十一）F 检验统计量

两个误差平方和除以各自的自由度的比值，公式为：

$$F = \frac{SSC/(k-1)}{SSE/(n-k)} = \frac{\sum_{j=1}^{k} \sum_{i=1}^{n_j} (x_{ij} - \bar{\bar{x}}_j)^2/(k-1)}{\sum_{j=1}^{k} \sum_{i=1}^{n_j} (x_{ij} - \bar{x}_j)^2/(n-k)} = \frac{MSC}{MSE}$$

（十二）方差分析进行多个总体均值的假设检验的步骤

（1）检查总体是否符合方差分析的基本假设；

（2）提出假设：$H_0: \mu_1 = \mu_2 \cdots = \mu_k, H_1: \mu_1 \neq \mu_2 \cdots \neq \mu_k$；

（3）根据自由度和给定的显著性水平和确定的最小 F 值；

（4）计算样本统计量的 F 值；

（5）比较 F 值与 F_α 的值，如果 $F > F_\alpha$，拒绝原假设；如果 $F \leqslant F_\alpha$，接受原假设。

三、难点和重点

方差分析是双样本假设检验的扩展，与双样本假设检验的独立样本和配对样本相对应，方差分析分为完全随机设计和随机区块设计。当需要对两个以上的总体均值是否存在显著性差异进行检验时，一般使用方差分析。使用方差分析应该注意样本数据是否满足其假设条件。

四、练习题

（一）判断题

1. 对多个总体均值是否相等的假设检验是通过方差分析来进行的。

2. 如果处置均方和显著大于误差均方和，说明样本内的变异大于样本外的变异。

3. 单因素方差分析也称为随机区块设计。
4. 在单因素方差分析中,总误差平方和分割为两部分:处置平方和+误差平方和。
5. 完全随机设计是针对配对样本的一种抽样方式。
6. 单因素方差分析中 F 统计量分子的自由度为 $n-k$。
7. 单因素方差分析中 F 统计量分母的自由度为 $n-1$。
8. 处置平方和可以用公式表示为:$SSC = \sum_{j=1}^{k}\sum_{i=1}^{n_j}(x_{ij}-\bar{\bar{x}}_j)^2$。
9. 误差平方和可以用公式表示为:$SSE = \sum_{j=1}^{k}\sum_{i=1}^{n_j}(x_{ij}-\bar{x}_j)^2$。
10. 完全随机设计要求从每一个总体中抽取的样本数量是相同的。
11. 方差分析所研究的是品质型自变量对数值型因变量的影响。

(二) 单项选择题

1. 对多个总体的参数进行检验时进行方差分析所构造的统计量$\frac{MSC}{MSE}$服从(　　)。

A. χ^2 分布　B. 正态分布　C. F 分布　D. t 分布

2. 在单因素方差分析中,如果各因素水平效应相同的原假设为真,则列间平方和 SSC(　　)。

A. 大小无法确定　B. 等于总平方和
C. 完全由抽样的随机误差引起　D. 完全由不同处置的差异引起

3. 在单因素方差分析中,各次试验观测应(　　)。

A. 相互关联　B. 互不相关　C. 计量逐步精确　D. 方法逐步改进

4. 在单因素方差分析中 F 统计量分子与分母的自由度各为(　　)。

A. k,n　B. $k-1,n-1$　C. $k-1,n-k$　D. $n-k,k-1$

5. 在单因素方差分析中,若 $SSC=318.98$, $SSE=395.46$, $K=4$, $n=18$, $\alpha=0.05$,则下列正确的是(　　)。

A. 总误差平方和为 395.46　B. 总体的自由度为 18
C. 应该拒绝原假设　D. 应该接受原假设

6. 在单因素方差分析中,若 $SST=20$, $SSE=10$, $K=4$, $n=20$,则 F 值为(　　)。

A. 2　B. 6.33　C. 2.375　D. 5.33

7. 关于单因素方差分析,以下错误的是(　　)。

A. 组内变异反映了随机因素的影响
B. 组间变异反映了随机因素的影响

C. 组间变异既包含系统因素的影响,又包含随机因素的影响

D. 两样本均数的比较是单因素方差分析的特殊情况

8. 在方差分析中,所研究的观测变量的各个因素都必须(   )。

A. 同质化　　B. 属性化　　C. 差异化　　D. 数量化

9. 在试验设计中,把要考虑的那些可以控制的多个等级状态称为(   )。

A. 因素或水平　　B. 观察或水平　　C. 水平或处置　　D. 控制或水平

10. 若检验统计量 F 数值 $< F_\alpha$,说明(   )。

A. 组间方差中不包含系统因素的影响

B. 组内方差中不包含系统因素的影响

C. 组间方差中包含系统因素的影响

D. 方差分析中应拒绝原假设

(三) 多项选择题

1. 进行方差分析需要满足的假设条件是(   )。

A. 各总体服从正态分布

B. 各总体方差相等

C. 各总体方差随因素水平增加而增加

D. 各总体方差随因素水平减少而减少

E. 各总体相互独立

2. 对于单因素分析的组内误差,下列表述正确的是(   )。

A. 其自由度为 $k-1$　　B. 反映的是随机因素的影响

C. 反映的是不同处置的影响　　D. 组内误差必然大于组间误差

E. 其自由度为 $n-k$

3. 对于单因素分析的组间误差,下列表述正确的是(   )。

A. 其自由度为 $k-1$　　B. 反映的是随机因素的影响

C. 反映的是随机因素和不同处置的影响　　D. 组间误差必然小于组内误差

E. 其自由度为 $n-k$

4. 单因素分析的总误差平方和 $SST = \sum_{j=1}^{k}\sum_{i=1}^{n_j}(x_{ij}-\bar{\bar{x}})^2$ 可以分解为(   )。

A. $SSC = \sum_{j=1}^{k}\sum_{i=1}^{n_j}(x_{ij}-\bar{\bar{x}})^2$　　B. $SSE = \sum_{j=1}^{k}(x_j-\bar{\bar{x}})^2$

C. $SSE = \sum_{j=1}^{k}\sum_{i=1}^{n_j}(x_{ij}-\bar{x}_j)^2$　　D. $SSC = \sum_{j=1}^{k}\sum_{i=1}^{n_j}(x_{ij}-\bar{x}_j)^2$

E. $SSC = \sum_{j=1}^{k} n_j(x_j - \bar{\bar{x}})^2$

5. 某商场为了研究商品摆放位置对商品销售量的影响,将某种商品摆放在三种不同的位置,每一位置观察三天,称这种方差分析是(　　)。

A. 单因素方差分析　　B. 双因素方差分析

C. 三因素方差分析　　D. 单因素三水平方差分析

E. 双因素三水平方差分析

(四) 计算分析题

1. 某调查公司对某地区居民家庭订阅报刊支出和收入情况进行了调查,得到有关数据如下:

居民按月订阅报刊支出和月收入水平交叉分组

月订阅报刊支出	月均收入水平(元)				
	3 500 以下	3 500 ~ 5 000	5 000 ~ 7 000	7 000 ~ 10 000	10 000 以下
不超过 21 元	510	92	32	10	5
22 ~ 59 元	911	571	524	326	107
60 ~ 150 元	63	119	214	190	85
150 元以上	4	4	5	9	13

(1) 根据交叉分组的观察频数的绝对数,计算三种相对数。

(2) 对居民月订阅报刊支出和月收入水平有无关系进行检验(显著性系数为 5%)。

2. 某公司 800 笔应收账款按金额和账目到期时间交叉分组如下:

账目到期时间	应收账款金额(元)		
	5 000 以内	5 000 ~ 20 000	20 000 以上
30 天及以下	410	170	100
30 天以上	90	20	10

抽样结果能否推断在总体上应收账款金额和账目到期时间相互独立?(显著性系数为 5%)

3. 美国 1984 年大选时,选民按年龄段和选举表现的分组比例如下:

选举表现	年龄分组(岁)				
	18~20	**21~24**	**25~44**	**44~64**	**64 以上**
投票	36.7	43.5	58.5	69.5	67.7
只登记	10.3	10.8	8.2	6.8	9.2
未登记	53.0	45.7	33.4	23.4	23.1

(1) 绘制各年龄段的选举表现分段条形图。

(2) 从统计图观察选举表现与年龄段的关系。

(3) 依据以上数据能否检验选举表现与年龄段之间是否相互独立？如果能，请检验；如果不能，请说明原因。

4. 商场准备在商场内安装充电式应急照明灯，通过招标收到 4 家照明灯生产商的投标。该商场从 4 家生产商提供的应急照明灯样品中各随机抽取了 4 个进行检验，测得各个样品充电后持续照明的时间长度(小时)数据如下表：

生产商 *A*	生产商 *B*	生产商 *C*	生产商 *D*
8.5	11.0	9.5	7.5
9.5	11.6	10.9	8.1
11.0	12.6	10.2	9.2
8.5	11.5	9.5	9.5

(1) 在显著水平为 0.05 下，检验 4 个生产商的各自应急照明灯的平均持续照明时间有无差异。

(2) 如果各个生产商的应急照明灯的持续照明时间有差异，假设各个生产商的报价相同，那么该商场应选择哪一家生产商作为中标厂商？

5. 某大型超市为了考察不同促销策略对加湿器销售量的影响，采用了 5 种不同的促销策略销售加湿器(假设加湿器的价格、功能都相同)。连续观察了五个销售日，所得数据如下：

工作日	策略 1	策略 2	策略 3	策略 4	策略 5
1	10	7	9	6	8
2	8	9	10	9	8
3	9	8	10	6	7
4	9	8	9	7	10
5	10	6	9	7	6

(1) 在显著水平为 0.05 下,检验 5 种不同促销策略对加湿器销售量的影响是否有差异。

(2) 哪一种促销策略销路最好?

6. 焊接头的力度在一定程度上取决于焊接过程中所使用的合金。某汽车制造厂研究室的技术专家已经研制出三种新合金。为了检验它们的力度,每种合金分别用于几次焊接中,然后所得的焊接头力度结果如下:

合金 1	合金 2	合金 3
15	17	25
23	21	27
16	19	24
29	25	31
	28	23
	19	

已知:$SST=334.4$,$SSC=44.82$,问能否以 5% 的置信水平推断不同的焊接头之间在力度上存在差异?

7. 一市场调研公司把整个市场划分为 4 类地区,记为 A、B、C、D。除 A 地区抽取 14 个样本单位外,其余 3 个地区的样本容量都是 10。调查内容是消费者对某种耐用消费品的购买量(台)。调查所得数据经分析已列入下面的方差分析表。请填出表内空白数据,并回答问题:在 1% 的显著水平上,能否认为 4 类地区的平均购买量无差异。

变异源	自由度	平方和	均 方	样本 F
样本间	( )	3.9	( )	( )
样本内	( )	1 379.6	( )	
合计				

五、参考答案

(一) 判断题

1. √ 2. × 3. √ 4. √ 5. × 6. × 7. × 8. × 9. √ 10. × 11. √

(二) 单项选择题

1. C 2. C 3. B 4. C 5. C 6. D 7. B 8. B 9. C 10. A

(三) 多项选择题

1. ABE 2. BE 3. ABC 4. CE 5. AD

(四)计算分析题

1. (1)三种百分比(相对数)如下:

行百分比

单位:元

月订阅报刊支出	月均收入水平				
	3 500 以下	3 500~5 000	5 000~7 000	7 000~10 000	10 000 以下
21 以下	78.6%	14.2%	4.9%	1.5%	0.8%
22~59	37.4%	23.4%	21.5%	13.4%	4.4%
60~150	9.4%	17.7%	31.9%	28.3%	12.7%
150 以上	11.4%	11.4%	14.3%	25.7%	37.1%

列百分比

单位:元

月订阅报刊支出	月均收入水平				
	3 500 以下	3 500~5 000	5 000~7 000	7 000~10 000	10 000 以下
21 以下	34.3%	11.7%	4.1%	1.9%	2.4%
22~59	61.2%	72.6%	67.6%	60.9%	51.0%
60~150	4.2%	15.1%	27.6%	35.5%	40.5%
150 以上	0.3%	0.5%	0.6%	1.7%	6.2%

全部百分比

单位:元

月订阅报刊支出	月均收入水平				
	3 500 以下	3 500~5 000	5 000~7 000	7 000~10 000	10 000 以下
21 以下	13.4%	2.4%	0.8%	0.3%	0.1%
22~59	24.0%	15.1%	13.8%	8.6%	2.8%
60~150	1.7%	3.1%	5.6%	5.0%	2.2%
150 以上	0.1%	0.1%	0.1%	0.2%	0.3%

(2)查表,$x^2_{12,0.05}=21.026$,样本长方值为 $895.8>21.026$,所以拒绝原假设,居民月订阅报刊支出和月收入水平有两变量存在关系。

2. 查表,$x^2_{2,0.05}=5.991$,样本长方值为 $9.53>5.991$,且 p 值 0.008,小于 0.05,所以拒绝原假设,即应收账款金额和账目到期时间不独立。

3. (1) 各年龄段的选举表现分段条形图如下:

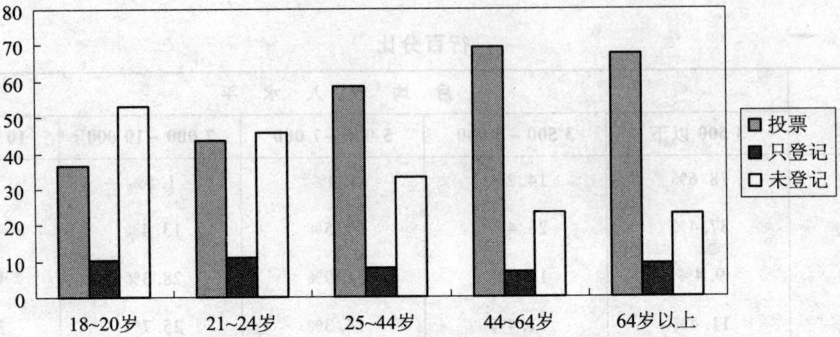

(2) 年龄越大,投票比例越高,未登记比例越低。

(3) 不能。因为上述数据为列百分比数据。

4. 此题为单因素方差分析问题,方差分析表如下:

方差来源	平方和	自由度	均方和	*F* 值	*P* 值
组间	20.79	3	6.93	8.74	0.002 4
组内	9.51	12	0.79		
合计	30.30	15			

(1) *P* 值小于 0.05,所以拒绝原假设,四个厂商提供的照明灯是有差异的。

(2) 选择生产商 *B* 作为供应商。

5. 此题为单因素方差分析问题,方差分析表如下:

方差来源	平方和	自由度	均方和	*F* 值	*P* 值
组间	22	4	5.5	4.58	0.009
组内	24	20	1.2		
合计	46	24			

(1) *P* 值小于 0.05,拒绝原假设,五种促销策略是有差异的。

(2) 选择策略 3 进行促销。

6. 此题为单因素方差分析问题,方差分析表如下:

方差来源	平方和	自由度	均方和	*F* 值	*P* 值
组间	44.817	2	22.408	929	422
组内	289.583	12	24.132		
合计	334.400	14			

P 值大于 0.05，接受原假设。在 5% 的置信水平下不同的焊接头之间在力度上不存在差异。

7. 方差分析表如下：

方差来源	自由度	平方和	均方	样本 *F*
样本间	(3)	3.9	(3.9)	(0.038)
样本内	(40)	1 379.6	(34.49)	
合计	(43)			

查表，*F* 值为 4.31，样本 *F* 值小于查表 *F* 值，因此在 1% 的显著水平上，接受原假设，认为 4 类地区的平均购买量不存在差异。

第八章　简单相关与回归分析

一、学习目的和要求

通过本章的学习，领会皮尔逊（Pearson）相关系数的概念，会根据其数值大小判断变量之间相关关系的强弱；掌握简单线性回归分析的建模思想，掌握自变量和因变量都是定量变量时的线性回归分析的方法；会使用 SPSS 得到有关数据分析结果，能够识别 SPSS 的输出结果，并对结果进行正确解释。

二、主要概念和内容

（一）两种不同性质的协变关系

函数型关系和统计型关系。如果两现象的数量表现在一定条件下是完全确定的，就是函数型协变关系；两个现象的数量存在着密切的协变关系，但却不是完全确定的，这样的关系就是统计型协变关系。统计型协变关系又称为相关关系。

（二）相关关系的种类

（1）按涉及量的多少分为单相关和复相关。

（2）按研究量之间的方向分为正相关和负相关。

（3）按变量之间相关的形态分为直线相关和曲线相关。

（三）相关关系测度

1. 协方差

协方差是描述两变量间协变关系密切程度的一个量数，用公式表示为：

$$Cov(x,y)=\frac{\sum(x-\bar{x})(y-\bar{y})}{n}$$

协方差的缺点：协方差表现为绝对数，没有参照基准，无法判断协变关系的强弱；受计量单位的影响。

2. 相关系数

相关系数是测量两个变量之间关系密切程度的量数。本章介绍的是度量两个量别变量之间线性关系密切程度的相关系数,又称皮尔逊相关系数。

总体相关系数用 ρ 表示,样本相关系数用 r 表示,公式为:

$$r=\frac{Cov(xy)}{\sigma_x\cdot\sigma_y}=\frac{\sum(x-\bar{x})\sum(y-\bar{y})/n}{\sqrt{\sum(x-\bar{x})^2/n}\sqrt{\sum(y-\bar{y})^2/n}}$$

(四)总体相关系数的检验

计算出样本相关系数后,只能表明样本数据本身存在相关关系,要判断总体上是否存在相关关系,还需要对总体相关系数进行检验。

$H_0:\rho=0$, $H_1:\rho\neq0$

检验统计量为: $t=\dfrac{r-\rho}{S_r}$, 其中 $S_r=\sqrt{\dfrac{1-r^2}{n-2}}$

相关分析度量了变量间相互依存的强度,如要确定变量间数量关系的联系形式,需要进行回归分析。回归分析根据自变量选择的多少,分为简单(只有一个自变量)线性回归和多元(两个以上自变量)线性回归。

(五)回归分析

(1)简单线性总体回归模型 $Y=\alpha+\beta X+\varepsilon$

(2)简单线性总体回归方程 $E(Y/X)=\hat{Y}=\alpha+\beta X$

(3)简单线性样本回归模型 $y=a+bx+e$

(4)简单线性样本回归方程 $E(y/x)=\hat{y}=a+bx$

(六)简单线性总体回归方程中参数的估计方法

最小二乘法:

$$b=\frac{n\sum xy-(\sum x)(\sum y)}{n\sum x^2-(\sum x)^2}$$

$$a=\frac{\sum y-b\sum x}{n}$$

(七)简单线性总体回归方程的评价

(1)估计标准误:给定自变量的值时,因变量的条件标准差。即各个观测值与其回归估计值的离差平方和的平方根,描述样本点到样本回归直线的离散程度。用公式表示:

$$S_{y\cdot x}=\sqrt{\frac{\sum(y-\hat{y})^2}{n-2}}=\sqrt{\frac{\sum e^2}{n-2}}=\sqrt{\frac{\sum y^2-a\sum y-b\sum xy}{n-2}}$$

(2)样本判定系数:说明能够由回归方程解释的变差在总变差中所占的比重。

$$r^2=\frac{\sum(\hat{y}-\bar{y})^2}{\sum(y-\bar{y})^2}=1-\frac{\sum(y-\hat{y})^2}{\sum(y-\bar{y})^2}$$

(3) 总体回归系数的假设检验,检验总体回归方程中自变量和因变量之间是否存在线性关系。

t 检验统计量 $t=\dfrac{b-\beta}{S_b}=\dfrac{b-0}{S_b}$

(八) 回归方程的应用

1. 条件平均数的置信区间

$$\hat{y}(x_0) \pm t_{(n-2),(1-\alpha)} \times S_{y\cdot x}\sqrt{\frac{1}{n}+\frac{(x_0-\bar{x})^2}{\sum(x-\bar{x})^2}}$$

2. 个别值的预测区间

$$\hat{y}(x_0) \pm t_{(n-2),(1-\alpha)} \times S_{y\cdot x}\sqrt{1+\frac{1}{n}+\frac{(x_0-\bar{x})^2}{\sum(x-\bar{x})^2}}$$

三、难点和重点

本章是前面章节所介绍全部内容的综合应用,既涉及描述统计知识,也涉及推断统计知识,要学好本章内容,除了掌握本章的基本概念以外,还应该区别以下几对关系:

1. 相关系数与回归系数的关系

在简单相关与回归中,相关系数与回归系数符号一致,可以相互推算 $b=r\dfrac{s_y}{s_x}$ 或 $r=b\dfrac{s_x}{s_y}$。

2. 相关系数与判定系数的关系

两者可以相互推算,即相关系数可以通过判定系数开方得到,判定系数也可以通过对相关系数平方得到。但两者的功能是有一定区别的。相关系数描述的是具有统计关系的两个变量之间的关系的密切程度,判定系数描述的是回归方程的拟合优度。当然,回归方程的拟合优度越高,表明观测值离回归直线的距离越近,两个变量之间的关系越密切。

3. 置信区间与预测区间

置信区间:指以样本条件平均数(即估计的回归方程)为中心,根据一定的置信水平对于自变量 x 的一个给定值 x_0,构造因变量 y 的平均值的估计区间。

预测区间:利用估计的回归方程,对于自变量 x 的一个给定值 x_0,求出因变量 y 的一个个别值的估计区间。预测区间的公式里比置信区间多了一个根号里的“1”。

四、练习题

(一) 判断题

1. 相关系数的数值越大,表明两个变量之间的线性相关程度越高。

2. 对具有协变关系的两个变量计算相关系数时,首先应当确定自变量和因变量。

3. 如果评价回归方程拟合效果的指标判定系数等于 0.8,说明在因变量的总变差中有 20% 的变差是由随机因素所致。

4. 如果一元线性回归方程的估计标准误 $S_{y.x}=0$,说明实际观测值 y 与估计值 $\hat{y}$ 完全一致。

5. 如果一元线性回归方程的估计标准误 $S_{y.x}=\sigma_y$,说明拟合的回归直线 $\hat{y}=\bar{y}$。

6. 如果回归变差等于总变差,说明两变量 x 和 y 之间完全相关。

7. 检验一元线性回归方程中回归系数的显著性,只能采用 F 检验。

8. 判定系数与相关系数的取值范围是相同的。

9. 估计标准误的数值越小,判定系数的数值越大,说明回归方程拟合程度越高。

10. 当拟合回归方程时,若抽取的自变量的样本观察值非常集中,回归方程的估计标准误就很小。

11. 在线性回归方程中,如已知 $n=8,\sum x=168,\sum y=240,b=0.7,a=15.3$。

12. 两变量的皮尔逊相关系数为 0,表明两变量之间完全无关系。

(二) 单项选择题

1. 在线性回归模型中,假设随机误差 ε 服从(　　)。

A. 正态分布　　B. 二项分布　　C. 指数分布　　D. t 分布

2. 适合描述两个变量之间相关关系的图形是(　　)。

A. 直方图　　B. 饼图　　C. 线形图　　D. 散点图

3. 若自变量 x 和因变量 y 的相关系数为 −0.80,y 对 x 的线性回归方程的判定系数为(　　)。

A. 0.20　　B. 0.81　　C. 0.64　　D. 0.90

4. 总离差平方和 SST、残差平方和 SSE、回归平方和 SSR 之间的数量关系是(　　)。

A. $SSR=SST+SSE$　　B. $SST=SSR+SSE$

C. $SSE=SSR-SST$　　D. $SSE=SST+SSR$

5. 相关关系是变量之间的一种(　　)。

A. 线性函数关系　　B. 非线性函数关系

C. 确定性的数量关系　　D. 非确定性的数量关系

6. 一元线性回归方程中的相关系数与回归系数的关系是(　　)。

A. $r=b\frac{s_y}{s_{y.x}}$　　B. $r=b\frac{s_{y.x}}{s_x}$　　C. $r=b\frac{s_y}{s_x}$　　D. $r=b\frac{s_x}{s_y}$

7. 下面回归方程和相应的相关系数必定错误的一组是(　　)。

A. $\hat{y}=30+0.2x, r=0.8$　　B. $\hat{y}=-75+0.2x, r=0.91$

C. $\hat{y}=5-2.1x, r=0.78$　　D. $\hat{y}=-12-3.5x, r=-0.95$

8. 在回归分析中,估计标准误差反映的是(　　)。

A. 变量 x 与 $\bar{x}$ 的平均变异程度　　B. 变量 y 与 $\bar{y}$ 的平均变异程度

C. 变量 y 与 $\hat{y}$ 的平均变异程度　　D. 变量 $\hat{y}$ 与 $\bar{y}$ 的平均变异程度

9. 下列相关系数中,哪个表明相关关系最密切(　　)。

A. 0.85　　B. 0.66　　C. -0.68　　D. -0.87

10. 对简单线性回归方程进行总检验用的统计量是(　　)。

A. χ^2 检验　　B. t 检验　　C. Z 检验　　D. F 检验

11. 在总变异中,能够由回归关系解释的变差称为(　　)。

A. 总离差平方和　　B. 回归离差平方和　　C. 标准误差　　D. 残差平方和

根据下面的内容回答问题 12 ~14。

用最小二乘回归线拟合一组数据,得到下面的结果:相关系数 $r=0.9$。解释变量 X 的均值 $\bar{X}=6.5$,被解释变量 Y 的均值 $\bar{Y}=6.6$。解释变量 X 的标准差 $S_x=3.6$,被解释变量 Y 的标准差 $S_y=1.2$。

12. 最小二乘回归直线的斜率是(　　)。

A. 0.30　　B. 0.88　　C. 1.01　　D. 3.0

13. 最小二乘回归直线的截距是(　　)。

A. -9.9　　B. 1.045　　C. 1.76　　D. 4.65

14. 判定系数 r^2 数值的大小与估计标准误差 $S_{y.x}$ 数值的大小(　　)。

A. 变化方向一致　　B. 变化方向相反

C. 完全无关系　　D. 有时变化方向一致,有时变化方向相反

15. 对同一组数据进行相关和回归分析,r 与 b 的关系是(　　)。

A. r 大 b 也大　　B. r 小 b 也小

C. r 与 b 符号相反　　D. r 与 b 符号相同

16. 一种产品的产量和生产成本之间具有较强的相关关系,当产量为 10 000 件时,其生产总成本为 30 万元,其中,总不变成本为 8 万元,据此数据,总成本对产量的回归方程应该是(　　)。

A. $\hat{y}=22+80\ 000x$　　B. $\hat{y}=80\ 000+22x$

C. $\hat{y}=240\ 000+8x$　　D. $\hat{y}=8+22x$

17. 在小样本条件下,条件平均数置信区间的上下限(　　)。

A. 是对称地落在回归直线两侧呈两条喇叭型曲线

B. 是对称地落在回归直线两侧的两条直线

C. 是区间越来越宽的两条直线

D. 在 $x_0=\bar{x}$ 区间最宽

(三) 多项选择题

1. 关于简单相关与回归,下列表述错误的是(　　)。

A. 样本回归系数 $b<0$,且有显著意义,可认为两变量呈负相关

B. 同一样本的 b 和 r 的假设检验结果相同

C. 建立一个回归方程,且 b 有显著意义,则有一定把握认为 x 和 y 间存在因果关系

D. 相关系数的假设检验 P 值越小,则说明两变量 x 与 y 间的关系越密切

E. $s_{y,x}$ 为各观察值距回归直线的标准差,若变量 x 与 y 的相关系数 $r=1$,则必定 $s_{y,x}=0$

2. 关于简单相关与回归,下列表述正确的是(　　)。

A. 相关系数的绝对值越大,两变量关系越密切

B. $r=0.8$ 就可以认为两变量相关非常密切

C. 相关系数的假设检验 P 值越小,则说明两变量 x 与 y 间的关系越密切

D. 当相关系数为 0.78,而 $P>0.05$ 时,表示两变量 x 与 y 间的关系密切

E. 样本回归系数 $b<0$,且有显著意义,可认为两变量呈负相关

3. 在线性回归模型中,如果欲使用最小二乘法,对随机误差 ε_i 的假设有(　　)。

A. 具有同方差　　B. 具有异方差　　C. 期望值为零　　D. 相互独立

E. 具有同分布

4. 一元线性回归方程 $\hat{y}=a+bx$ 中的 b 及其符号可以说明(　　)。

A. 两个变量之间相关关系的密切程度

B. 两个变量之间相关关系的方向

C. 当自变量增减一个单位时,因变量的平均数的大致增减量

D. 当因变量增减一个单位时,自变量的平均数的大致增减量

E. 回归模型的拟合优度

5. 在简单线性回归方程中，方程等式两端的变量（　　）。

A. 一个是因变量，一个是自变量　　B. 两个都是随机变量

C. 两个变量是对等关系　　D. 两个变量不是对等关系

E. 一个是随机变量，一个是可控制变量

6. 线性回归模型的判定系数可以表示（　　）。

A. $R^2 = \frac{SSR}{SST}$　　B. $R^2 = \frac{SSE}{SST}$　　C. $R^2 = 1 - \frac{SSR}{SST}$　　D. $R^2 = 1 - \frac{SSE}{SST}$

E. $R^2 = \frac{SSR}{SST + SSE}$

7. 下列关于最小二乘回归直线的表述中正确的是（　　）。

A. 斜率指解释变量的单位变化可预测到的被解释变量的变化

B. 斜率指解释变量的单位变化导致被解释变量的平均变化

C. 回归直线经过解释变量和被解释变量的均值点$(\bar{x},\bar{y})$

D. 只有 $r = \pm 1$ 时，它才会经过所有的数据点

E. 以上都正确

8. 关于未经调整的可决系数和经调整的可决系数，下列表述正确的是（　　）。

A. 随着自变量个数的增加，经调整的可决系数越来越小

B. 未经调整的可决系数总是正值

C. 经调整的可决系数总是正值

D. 经调整的可决系数有时是正值

E. 经调整的可决系数有时是负值

（四）计算题

1. 观察 62 对数据，得到相关系数是 0.6，估计标准误是 8，

（1）求未解释变差；

（2）求未解释变差在总变差中的比重；

（3）求总变差。

2. 下面是总部在北京市的上市公司 2004 年 2 月 11 日的股票价格和 2003 年年报公布的每股净资产数据（数据来源：上交所、深交所网站），要求：

股票代号	股票名称	股票价格	每股净资产	股票代号	股票名称	股票价格	每股净资产
000151	中成股份	6.22	2.79	000938	清华紫光	13.01	3.09
000402	金融街	12.75	3.49	000969	安泰科技	10.30	4.66

续表

股票代号	股票名称	股票价格	每股净资产	股票代号	股票名称	股票价格	每股净资产
000504	赛迪传媒	9.29	1.29	000970	中科三环	14.12	1.78
000605	四环药业	9.73	1.58	600007	中国国贸	6.91	3.00
000609	燕化高新	8.84	3.25	600008	首创股份	11.87	3.96
000666	经纬纺机	6.77	3.98	600011	华能国际	17.19	5.52
000725	京东方 A	16.80	3.83	600015	华夏银行	8.19	2.78
000728	北京化二	5.99	2.70	600016	民生银行	11.34	2.15
000729	燕京啤酒	12.00	5.93	600028	中国石化	4.95	1.83
000758	中色建设	7.62	2.38	600037	歌华有线	21.34	4.97
000786	北新建材	5.54	2.27	600050	中国联通	4.93	1.98
000798	中水渔业	6.40	3.02	600055	万东医疗	8.72	3.45
000802	京西旅游	7.06	2.35	600056	中技贸易	7.11	2.88
000839	中信国安	16.60	4.21	600058	五矿发展	12.91	3.82
000860	顺鑫农业	7.39	3.75	600062	双鹤药业	20.50	3.52
000882	华联股份	5.32	1.91	600085	同仁堂	19.66	4.84
000902	中国服装	5.38	2.04	600100	清华同方	18.18	5.01

(1) 绘制散点图,观察股票价格和 2003 年年报公布的每股净资产之间有相关关系吗?

(2) 如果两者存在相关关系,可以采用什么指标来衡量?

(3) 可以用每股净资产来解释股票价格吗? 如果可以,请建立股票价格倚每股净资产的回归方程,并对方程进行检验(显著性水平为 0.05)。

3. 对某市发动机制造行业进行抽样调查,在抽样的 10 个厂家中,其产量和总成本的对应关系如下表所列:

厂家	产量(台)	总成本(万元)
1	14	14
2	9	8
3	23	22
4	17	16
5	10	16
6	5	6
7	22	20

续表

厂家	产量(台)	总成本(万元)
8	13	14
9	16	20
10	6	10

(1) 取 X 轴代表产量,Y 轴代表总成本,绘制散点图。

(2) 从散点图观察两变量之间呈何种协变关系。

(3) 计算总成本与产量的协方差。

(4) 计算总成本与产量的相关系数。

(5) 在显著性水平 $\alpha=0.05$ 下,对相关系数进行显著性检验。

(6) 求总成本倚产量的回归方程,并解释回归系数 a 和 b 的具体意义。

(7) 在显著性水平 $\alpha=0.05$ 下,对总体回归系数 β 进行显著性检验。

(8) 若产量为 20 台,其 95% 置信水平的置信区间是多少?

(9) 若产量为 20 台,其 95% 置信水平的预测区间是多少?

4. 一种新产品推向市场一定时期(比如说 3 个月或 6 个月)以后,顾客听说过这种产品的比率称为知悉率。提高新产品知悉率的主要手段是广告。一项研究对 8 种新产品的广告开支和知悉率做了调查,数据如下:

消费者知悉率(%)	广告支出额(万元)
52	20
21	18
10	10
90	80
64	60
64	45
56	37
40	19

(1) 取 X 轴代表广告支出额,Y 轴代表消费者知悉率,绘制散点图。

(2) 从散点图观察两变量之间呈何种协变关系。

(3) 计算广告支出额与消费者知悉率的相关系数。

(4) 在显著性水平 $\alpha=0.05$ 下,对相关系数进行显著性检验。

(5) 拟合消费者知悉率倚广告支出额的回归方程,并解释回归系数 a 和 b 的意义。

(6) 在显著性水平 $\alpha=0.05$ 下,对回归系数 β 进行显著性检验。

(7) 若广告支出额增加 1 万元,消费者知悉率可望增加几个百分点?

(8) 一新产品拟投入 40 万元做广告,其消费者知悉率的 95% 的预测下限是多少?

5. 有些企业在一定时期内把实现销售额最大化或市场份额最大化作为经营目标,另有一些企业在一定时期内把利润最大化作为其经营目标。有一种意见认为,销售额最大化与利润最大化两个目标是一致的。为了对此问题进行实证研究,有人对美国汽车行业的企业进行了调查,得到有关 17 家企业 1978 年前 9 个月的销售额(x:亿美元)和投资收益率(y:%)如下:

公司名称	销售额 x	投资收益率 y
美国汽车	20.3	7.8
雅文产业	3.5	8.5
本迪克斯	28.0	10.5
康敏引擎	11.0	9.8
达纳	17.1	12.0
鹰-皮彻	3.9	9.9
伊顿	19.5	9.2
联邦摩格	4.2	12.4
福特汽车	315.4	13.4
费鲁霍夫	16.2	9.9
通用汽车	454.8	15.1
国际收割机	54.7	7.9
库埃斯托	3.1	3.4
歇勒环球	4.6	7.2
史密斯(A.O.)	6.0	9.5
TRW	27.6	10.3
梯母肯	8.1	9.9

(1) 据此数据,计算投资收益率倚销售额的线性回归方程。

(2) 将这 17 家企业看作美国汽车行业企业的样本,在其样本统计量基础上,在显著性水平 $\alpha=0.05$ 下,检验所得回归方程斜率是否具有总体上的显著性。

(3) 计算经调整的可决系数,并以此说明你在多大程度上支持销售额最大化和利润最大化目标相一致的说法。

6. 公共交通汽车总公司想确定公交车使用时间和年维修费用之间是否存在相关关系,在下属某分公司随机抽取了 10 辆汽车的使用时间和维修费用记录,数据如下:

公交车使用时间(年)	公交车年维修费用(元)
1	3 500
2	3 700
2	4 800
2	5 200
3	5 900
3	5 500
4	7 500
4	8 000
5	7 900
5	9 500

(1) 画出散点图,使用时间和维修费用记录这两个变量之间存在线性关系吗?

(2) 用最小二乘法估计回归方程,在 $\alpha = 0.05$ 的显著性水平下,对方程进行检验。

(3) 计算判定系数,评价方程对数据的拟合程度。

(4) 如果有一辆公交车已经使用 3.5 年,这辆公交车年维修费用的 95% 的预测区间是多少?

7. 某公司营销部门的经理希望在广告费及销售额之间建立一个预测模型,从而可以根据公司的广告费的投入对其销售额进行预测。于是他收集了 20 家公司的年广告费及其销售额资料,见下表:

20 家公司的年广告费及其销售额资料 单位:万元

广告费	销售额	广告费	销售额	广告费	销售额	广告费	销售额
120	3 633	0.1	711	50	1 200	8.9	800
68.7	2 070	21.5	570	60.8	1 500	9	1 000
100.1	1 590	1.4	445	40	1 100	50	1 500
76.6	1 323	5.5	433	33.3	800	10.9	890
8.7	811	1.7	433	20	900	1.4	1 000

要求:

(1) 画出散点图,以确定广告费及其销售额之间关系的形态。

(2) 用最小二乘法估计模型的参数 ,解释回归系数的经济含义。

(3) 计算估计的标准误差。

(4) 计算拟合优度,并作出解释。

(5) 计算经调整的拟合优度,并作出解释。

(6) 对回归系数进行检验。

(7) 当广告费为 48 万元时,计算其销售额的估计值。

(8) 当广告费为 48 万元时,计算销售额的置信区间(置信系数为 95%)。

(9) 当广告费为 48 万元时,计算其销售额的预测区间(置信系数为 95%)。

8. 某高科技开发区五个软件企业的销售额和利润数据如下:

	产品销售额(万元)X	产品利润额(万元)Y
平均值	421	113
标准差	30.07	15.41

又知,$\sum xy = 240\ 170$ 万元,$\sum x = 890\ 725$ 万元,$\sum y = 65\ 033$ 万元,

(1) 根据上述数据,计算销售额与利润之间的相关系数,并解释其含义。

(2) 拟合产品利润对销售额的回归方程。

(3) 当销售额为 600 万元时,利润额的点估计值是多少?

五、参考答案

(一) 判断题

1. × 2. × 3. √ 4. √ 5. √ 6. √ 7. × 8. × 9. √ 10. × 11. √ 12. ×

(二) 单项选择题

1. A 2. D 3. C 4. B 5. D 6. D 7. C 8. C 9. D 10. D 11. B 12. A 13. D 14. B 15. D 16. B 17. A

(三) 多项选择题

1. CD 2. ABE 3. ACDE 4. BC 5. ADE 6. AD 7. BCD 8. ABDE

(四) 计算题

1. (1) 未解释变差:$S_{y.x} = \sqrt{\dfrac{\sum(y-\hat{y})}{n-2}} = 8$, $\sum(y-\hat{y})^2 = (S_{y.x})^2 \times 60 = 64 \times 60$

$= 3\ 840$

(2) 比重:$\dfrac{\sum(y-\hat{y})^2}{\sum(y-\bar{y})^2} = 1 - r^2 = 1 - 0.36 = 0.64$

(3) 总变差:$\sum(y-\bar{y})^2 = \dfrac{\sum(y-\hat{y})^2}{0.64} = 6\ 000$

2.（1）散点图

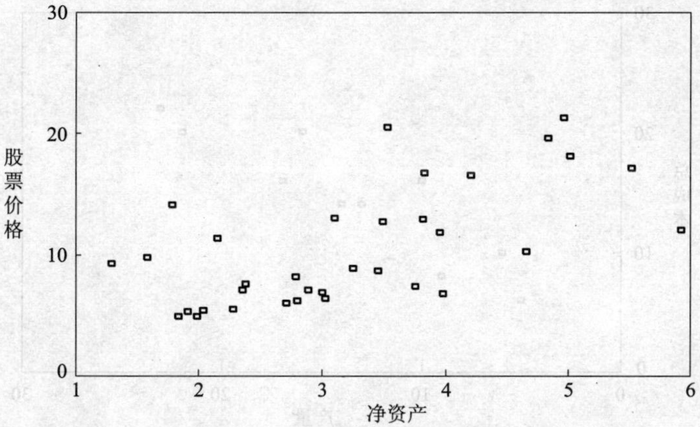

根据散点图可以看出，股票价格与每股净资产之间存在相关关系。

（2）计算股票价格和每股净资产之间的相关系数 r

$$r=\frac{n\sum xy-\sum x\sum y}{\sqrt{[n\sum x^2-(\sum x)^2][n\sum y^2-(\sum x)^2]}}=0.628$$

根据相关系数可得，股票价格和每股净资产高度相关。

（3）假设可以用每股净资产来解释股票价格，设每股净资产为 x，股票价格为 y，利用线性回归设 $y=ax+b$，

$$\begin{cases}b=\dfrac{n\sum xy-(\sum x)(\sum y)}{n\sum x^2-(\sum x)^2}\\[2ex]a=\dfrac{\sum y-b\sum x}{n}\end{cases}$$

得：$b=2.596, a=2.17$

因此，回归方程为 $y=2.596x+2.17$

显著性水平为5%时，对回归系数 β 进行显著性检验

建立假设：

$$H_0:\beta=0,\ H_1:\beta\neq0$$

计算检验统计量：

$$t=\frac{b}{S_b}=\frac{2.596}{0.569}=4.561>t_{32,0.05}=2.042$$

（因 t 分布表中有 $n=32$ 的值，取 $n=30$ 的近似值）

由以上检验可得，在显著性水平为5%时，股票价格和每股净资产存在线性关系。

3.（1）散点图

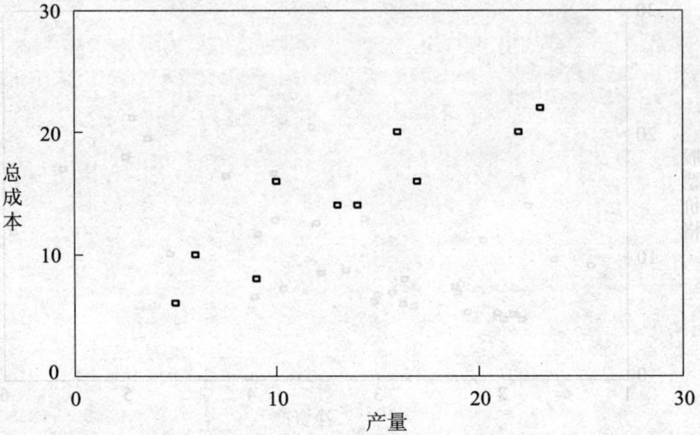

（2）由散点图可知，x 与 y 呈正直线协变关系。

（3）$Cov(x,y)=\frac{n\sum xy-\sum x\sum y}{n}=29.667$

（4）相关系数 $r=\frac{n\sum xy-\sum x\sum y}{\sqrt{[n\sum x^2-(\sum x)^2][n\sum y^2-(\sum x)^2]}}=0.901$

（5）对相关系数 r 进行显著性检验

建立假设：

$H_0:\rho=0$，$H_1:\rho\neq0$

计算检验统计量 $t=\frac{r}{S_r}=r\sqrt{\frac{n-2}{1-r^2}}=5.877$

查得 $t_{8,0.05}=2.306$

t 值 $=5.800>t_{8,0.05}=2.306$，因此拒绝 H_0，即认为当 $\alpha=0.05$ 时，产量和总成本之间高度相关。

（6）设总成本为 y，产量为 x，根据最小二乘法计算一元线性回归方程的参数，

由 $\begin{cases} b=\frac{n\sum xy-(\sum x)(\sum y)}{n\sum x^2-(\sum x)^2} \\ a=\frac{\sum y-b\sum x}{n} \end{cases}$

得 $a=4.076$，$b=0.780$

回归方程为 $y=4.076+0.780x$

（7）对回归系数 β 进行显著性检验

建立假设：

$H_0:\beta=0$, $H_1:\beta\neq 0$

计算检验统计量

$$t=\frac{b}{S_b}=\frac{0.78}{0.133}=5.8741>t_{8,0.05}=2.306$$

因此拒绝 H_0，即认为显著性水平为5%时，总成本和产量存在线性关系。

(8) 当产量为20台时，

根据公式 $y(x_0)\pm t_{(n-2),\partial}\times S_{y\cdot x}\sqrt{\frac{1}{n}+\frac{x_0-\bar{x}}{\sum x^2-\frac{(\sum x)^2}{n}}}$

所求置信区间为[16.990 48,22.343 83]。

(9) 当产量为20台时，

根据公式 $y(x_0)\pm t_{(n-2),\partial}\times S_{y\cdot x}\sqrt{1+\frac{1}{n}+\frac{x_0-\bar{x}}{\sum x^2-\frac{(\sum x)^2}{n}}}$

所求置信区间为[13.402 87,25.931 44]。

4. (1) 散点图：

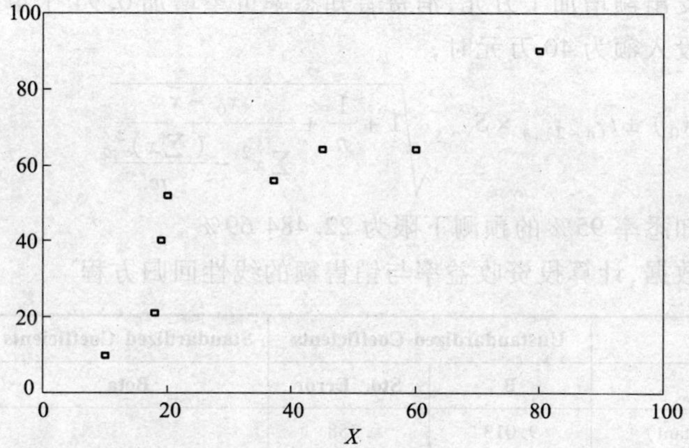

(2) 由散点图可知，x 与 y 呈正直线协变关系。

(3) 相关系数 $r=\frac{n\sum xy-\sum x\sum y}{\sqrt{[n\sum x^2-(\sum x)^2][n\sum y^2-(\sum x)^2]}}=0.903$

(4) 对相关系数 r 进行显著性检验

建立假设：

$H_0:\rho=0$, $H_1:\rho\neq 0$

计算检验统计量

$$t=r\sqrt{\frac{n-2}{1-r^2}}=0.156,\text{查表得 } t_{6,0.05}=1.943$$

由于 t 值 $=5.175>t_{6,0.05}=1.943$，因此拒绝 H_0,即认为当 $\alpha=0.05$ 时,消费者知悉率和广告支出额之间存在相关关系。

(5) 根据最小二乘法计算一元线性回归方程的参数，$a=15.337$,$b=0.949$

回归方程为 $y=15.337+0.949x$

b 表示当广告支出额增加或减少 1 万元时,消费者知悉率可望增加或减少 0.949 个单位。

(6) 对回归系数 β 进行显著性检验

建立假设:

$H_0:\beta=0$, $H_1:\beta\neq 0$

计算检验统计量

$$t=\frac{b}{S_b}=\frac{0.949}{0.184}=5.151>t_{6,0.05}=2.447$$

因此拒绝 H_0,即认为显著性水平为 5% 时,消费者知悉率和广告支出额有回归关系。

(7) 若广告支出额增加 1 万元,消费者知悉率可望增加 0.94 个单位。

(8) 当广告投入额为 40 万元时,

根据公式 $y(x_0)\pm t_{(n-2),\partial}\times S_{y\cdot x}\sqrt{1+\frac{1}{n}+\frac{x_0-\bar{x}}{\sum x^2-\frac{(\sum x)^2}{n}}}$

可得消费者知悉率 95% 的预测下限为 22.484 69%。

5. (1) 根据数据,计算投资收益率与销售额的线性回归方程

Model		Unstandardized Coefficients		Standardized Coefficients	t	Sig.
		B	Std. Error	Beta		
1	(Constant)	9.013	.558		16.148	.000
	销售额	.014	.004	.646	3.282	.005

由 SPSS 软件得到 $a=9.013$,$b=0.014$,则样本简单线性回归方程:$\hat{y}_i=9.013+0.014x_i$

(2) 对回归系数的检验

$H_0:\beta=0$, $H_1:\beta\neq 0$

$n=17$ 为小样本,故采用 t 分布进行检验。因为 $\alpha=0.05$,查得 $t_{15,0.05}=2.131$。因此,拒绝 H_0 的条件是 $|t|>2.131$, 根据 *SPSS* 输出结果得 $t=3.28>2.101$,所以拒绝 H_0,即认为投资收益率对销售额在总体上存在着回归关系。

(3) 计算经调整的可决系数,并作出解释

Model	R	R Square	Adjusted R Square	Std. Error of the Estimate
1	.646(a)	.418	.379	2.074 37

由 SPSS 软件得到经调整后的拟合优度 $R^2=0.379$,其含义:在消除了样本容量及自变量个数的影响后,在投资收益率的变异中,有 37.9% 可以归因于销售额的增加。销售额最大化和利润最大化目标一致的说法只有 37.9% 的支持程度。

6. (1) 散点图:

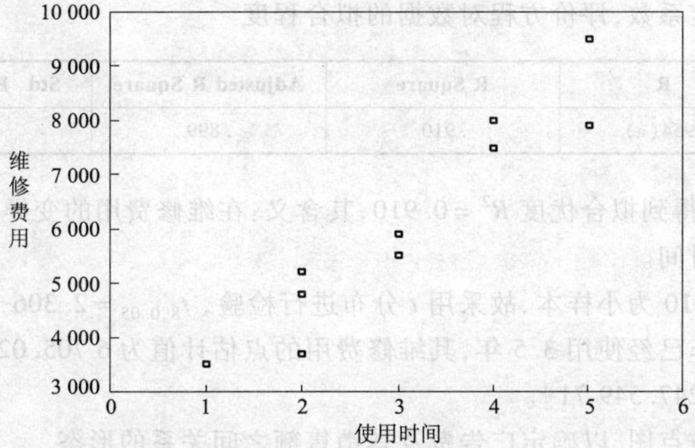

通过使用时间和维修费用的散点图,可以看到使用时间和维修费用之间存在线性关系。

(2) 用最小二乘法估计模型参数,在 $\alpha=0.05$ 的显著性水平下,对方程进行检验

Model		Unstandardized Coefficients		Standardized Coefficients	t	Sig.
		B	Std. Error	Beta		
1	(Constant)	1 848.521	519.289		3.560	.007
	使用时间	1 387.574	154.479	.954	8.982	.000

由 SPSS 输出结果得到 $a=1\ 848.521, b=1\ 387.574$,

则样本简单线性回归方程: $\hat{y}=1\ 848.521+1\ 387.574x$

Model		Sum of Squares	df	Mean Square	F	Sig.
1	Regression	32 538 609.467	1	32 538 609.467	80.681	.000(a)
	Residual	3 226 390.533	8	403 298.817		
	Total	35 765 000.000	9			

对回归方程的 F 检验

$$H_0:\beta_1=\beta_2=\cdots=\beta_k=0,\ H_1:\beta_1=\beta_2=\cdots=\beta_k\neq 0$$

因为 $\alpha=0.05$,查得 $F_{(0.05,1,8)}=5.32$。因此,拒绝 H_0 的条件是 $F>5.32$。

检验统计量 $F=\dfrac{SSR/1}{SSE/n-2}=80.681>5.32$,且 P 值 $=0.000$,所以拒绝 H_0。

即认为回归方程通过了总检验,样本回归方程较好地估计了总体回归方程。该公司汽车的使用时间可用来预测维修费用。

(3) 计算判定系数,评价方程对数据的拟合程度

Model	R	R Square	Adjusted R Square	Std. Error of the Estimate
1	.954(a)	.910	.899	635.058 12

由 SPSS 软件得到拟合优度 $R^2=0.910$,其含义:在维修费用的变异中,有 91% 可以归因于车辆的使用时间。

(4) 因为 $n=10$ 为小样本,故采用 t 分布进行检验,$t_{8,0.05}=2.306$

有一辆公交车已经使用 3.5 年,其维修费用的点估计值为 6 705.029 59 元,预测区间 [5 162.509 46,8 247.549 71]。

7. (1) 画出散点图,以确定广告费及其销售额之间关系的形态

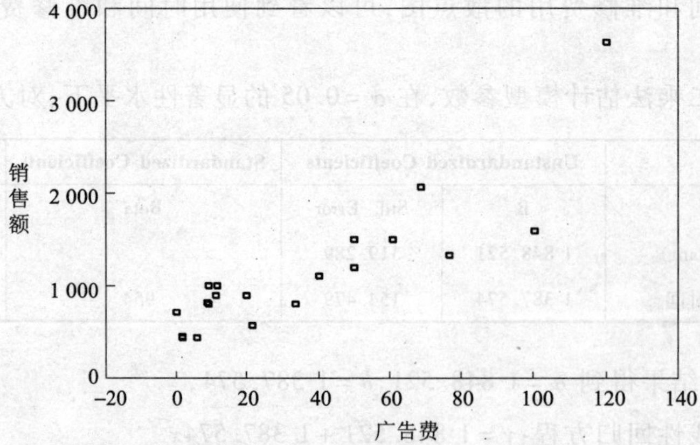

通过散点图,可以看到广告费与销售额之间存在线性关系。

（2）用最小二乘法估计模型参数

Model		Unstandardized Coefficients		Standardized Coefficients	t	Sig.
		B	Std. Error	Beta		
1	(Constant)	507.274	119.225		4.255	.000
	广告费	17.979	2.438	.867	7.374	.000

a　Dependent Variable：销售额

由 SPSS 得到 $a=507.274$ ，$b=17.979$，则样本简单线性回归方程：$\hat{y}=507.274+17.979x$

回归系数 $b=17.979$，其经济含义：若广告费多增加 1 元，则销售额多增加 17.979 元。

（3）计算估计的标准误差（由 *SPSS* 得下表）

Model	R	R Square	Adjusted R Square	Std. Error of the Estimate
1	.867(a)	.751	.737	373.022 08

由 SPSS 得 $S_{yx}=373.022\ 08$

（4）由 SPSS 得拟合优度 $R^2=0.751$，其含义：在销售额的变异中，有 75.1% 可以归因于广告费用的增加。

（5）由 SPSS 得经调整后的拟合优度 $R^2=0.737$，其含义：在消除了样本容量及自变量个数的影响后，在销售额的变异中，有 73.7% 可以归因于广告费用的增加。

（6）对回归系数进行检验

$H_0:\beta=0$，$H_1:\beta\neq0$

$n=20$ 为小样本，故采用 t 分布进行检验。因为 $\alpha=0.05$，查得 $t_{18,0.05}=2.101$。因此，拒绝 H_0 的条件是 $|t|>2.101$，检验统计量的值 $t=7.374>2.101$，所以拒绝 H_0，即认为销售额对广告费在总体上存在着回归关系。

（7）当广告费为 48 万元时，销售额的点估计值为：

$507.274+17.979\times48=1\ 370.252\ 08$ 万元

（8）当广告费为 48 万元时，这 20 家公司平均销售额的置信区间[1 182.677 99，1 557.826 18]。

（9）当某公司的广告费为 48 万元时，其预测区间为[564.426 70，2 176.077 47]。

8.（1）销售额与利润之间的相关系数，

$$r=\frac{\sum xy-n\overline{xy}}{\sqrt{(\sum x^2-n\overline{x}^2)(\sum y^2-n\overline{y}^2)}}=0.995$$

销售额与利润之间高度正相关。

(2) 拟合产品利润对销售额的回归方程:$\hat{y}=-101.69+0.51x_i$

(3) 当销售额为 600 万元时,利润额的点估计值为 $\hat{y}=-101.69+0.51\times600=204.31$

第九章　多元相关与回归

一、学习目的和要求

通过本章的学习，应该掌握多元线性回归方程中偏回归系数的意义；掌握多重判定系数和经调整的多重判定系数的意义及两者的区别；掌握偏判定系数的意义及其与多重判定系数的区别；掌握多重相关系数的意义和偏相关系数的意义及两者的区别；掌握对多元回归方程进行总检验的方法；了解多元回归模型的基本假设；掌握选择自变量的方法；了解逐步回归法选择自变量的原理。熟练应用 *SPSS* 得到多元统计结果，并对结果进行正确解读。

二、主要概念和内容

（一）多元线性回归方程

含有两个以上变量的回归分析和相关分析称为多元回归分析和多重相关分析，又称作复回归和复相关分析。多元回归分析和多重相关分析是简单回归分析和相关分析的延伸。多元回归方程中的斜率称为偏回归系数。

（1）多元线性总体回归模型 $Y=\alpha+\beta_1x_1+\beta_2x_2+\cdots+b_kx_k+\varepsilon$

（2）多元线性总体回归方程 $\hat{Y}(x_1\cdots,x_k)=\alpha+\beta x_1+\beta_2x_2+\cdots+\beta_kx_k$

（3）多元线性样本回归模型 $y(x_1,\cdots x_k)=a+b_1x_1+b_2x_2+\cdots b_kx_k+e$

（4）多元线性样本回归方程 $\hat{y}(x_1,\cdots x_k)=a+b_1x_1+b_2x_2+\cdots b_kx_k$

（二）多元线性回归模型的假定条件

多元线性总体回归模型中的 ε 是除 x 以外其他所有因素对 Y 值的总合影响，即随机误差。对于随机误差 ε，有以下 3 条假定前提：

（1）ε 为一随机变量，且对不同的自变量取之对应的 ε 是相互独立的。

（2）ε 服从正态分布，期望值为 0。

（3）对于任何一组诸自变量取值，ε 有恒定的方差。

对于多元回归模型中的自变量 $x_1,x_2,\cdots x_k$，假定它们之间不能存在共线性。

(三) 多重判定系数和多重相关系数

1. 多重判定系数

多重判定系数用 R^2 表示。反映的是所有自变量共同对因变量变差的解释作用,即所有自变量所解释的变差在总变差中的比重,以评价多元线性回归方程的拟合效果。

2. 多重相关系数

多重相关系数用 R 表示。反映的是所有自变量与因变量的线性相关关系,在 K 个自变量中,有的自变量与因变量是正相关关系,有的自变量与因变量是负相关关系,只能一律取正值。

(四) 偏判定系数和偏相关系数

1. 偏判定系数

偏判定系数反映的是单个的自变量所能起到的解释作用,即其他 $K-1$ 个自变量的解释作用已经明确后,第 K 个自变量对解释因变量变差的独到解释作用。

2. 偏相关系数

偏相关系数反映的是当其他 $K-1$ 个自变量被固定后,因变量与某个自变量之间的相关关系。

(五) 多元线性回归方程中的检验

1. 总检验(F 检验)

检验 k 个自变量与因变量在总体上是否有显著回归关系。

2. 偏回归系数的 t 检验

检验 y 和诸个 x 是否存在线性回归关系。

3. 偏检验(偏 F 检验)

检验因变量与 y 新引入回归方程的自变量 x_k 是否有显著的偏相关关系,也相当于检验偏回归系数是否为零。就这一点而言,偏 F 检验与对 β_k 的 t 检验等价。

(六) 逐步回归法

逐步回归法是按一定的统计程序,经过多步拟合和检验,从一系列的可供建立回归模型的自变量中,逐步引入回归作用显著的自变量,并从回归模型中逐步驱逐回归作用变得不再显著的自变量,以最终求得“最优”回归模型的方法。

三、难点和重点

本章是简单相关与回归内容的延伸,应该重点掌握多元回归分析中的复相关系数、简单相关系数和偏相关系数。

复相关系数反映的是因变量 y 与所有自变量之间的相关关系;简单相关系数反映的

是因变量 y 与每个因变量以及自变量与自变量之间的相关关系；偏相关系数反映的是当其他 $K-1$ 个自变量被固定后，因变量 y 与某个自变量之间的相关关系。

四、练习题

（一）单项选择题

1. 建立一个包含三个自变量的回归方程，估计的残差平方和为 $\sum e_1^2 = 800$，样本量为 24 个，则随机误差项 u_t 的方差估计量 S^2 为（　　）。

A. 33.33　　B. 40　　C. 38.09　　D. 36.36

2. 多元线性回归分析中的 SSR 反映了（　　）。

A. 因变量观测值总变差的大小

B. 因变量回归估计值总变差的大小

C. 因变量观测值与估计值之间的总变差

D. Y 关于 X 的边际变化

3. 对回归方程进行总检验使用的统计量是（　　）。

A. χ^2　　B. t　　C. Z　　D. F

（二）多项选择题

1. 对多元线性回归方程的检验（　　）。

A. 应该使用 t 检验

B. 应该使用 F 检验

C. t 检验与 F 检验的结论是等价的

D. t 检验是检验回归方程中各个偏回归系数的显著性

E. F 检验是检验整个回归关系的显著性

2. 多元线性回归模型的总检验 F 检验可以表示为（　　）。

A. $F = \dfrac{SSR/k}{SSE/(n-k-1)}$　　B. $F = \dfrac{SSE/(n-k)}{SSR/(n-1)}$

C. $F = \dfrac{R^2/(n-k)}{(1-R^2)/(n-1)}$　　D. $F = \dfrac{R^2/k}{(1-R^2)/(n-k-1)}$

E. $F = \dfrac{(1-R^2)/k}{R^2/(n-k-1)}$

3. 用最小二乘法估计得出的线性回归模型的残差具有如下特性（　　）。

A. $\sum e = 0$　　B. $\sum ex = 0$　　C. $\sum ey = 0$　　D. $\sum e\hat{y} = 0$

E. $\sum e^2 = 0$

4. 关于未经调整的可决系数和经调整的可决系数,下列表述正确的是(　　)。

A. 随着自变量个数的增加,经调整的可决系数越来越小

B. 未经调整的可决系数总是正值

C. 经调整的可决系数总是正值

D. 经调整的可决系数有时是正值

E. 经调整的可决系数有时是负值

5. 多元线性回归模型的基本假定包括(　　)。

A. 解释变量与随机误差项不相关

B. 随机误差项的数学期望为零

C. 随机误差项无自相关

D. 解释变量之间不存在线性相关关系

E. 随机误差项 μ_i 服从均值为零,方差为 σ^2 的正态分布

(三) 计算题

1. 一项多元回归分析结果为:$\hat{y}=5+3x_1+8x_2-4x_3$,且 $S_{b_1}=2$,$S_{b_2}=4$,$S_{b_3}=0.8$。

(1) 其他自变量保持不变(下同),x_2 增加 1 个单位与 x_3 减少 2 个单位对 y 的影响是否相同?

(2) 分别计算 b_1, b_2, b_3 的偏检验 t 值。

(3) 对因变量 y 的推算时,哪一个自变量最重要?哪一个最不重要?

2. 为了对平板玻璃消费量进行研究,建立一个含有 3 个自变量的回归方程,与此联系的数据有:$\sum(y-\bar{y})^2=600$,$\sum(y-\hat{y})^2=150$,在未引入 x_3 前,已算出 $R_{y.12}^2=0.65$。在上述数据基础上,

(1) 计算 $R_{y.123}^2$,并解释其意义;

(2) 计算 $r_{y3.12}^2$,并解释其意义。

3. 某机械厂为研究各年的轴承平均日产量(y)与工人人数(x_1)和全年停机修理次数(x_2)的关系,收集了 10 个年头的数据,并且计算出有关中间数据如下:

y	x_1	x_2
50	5	8
55	6	9
60	6	2
64	6	2
70	6	1
70	6	1
72	7	1

续表

y	x_1	x_2
75	8	1
80	8	1
85	9	0

$\bar{y}=68.1$ $\sum y^2=47\ 455$ $\sum x_1y=4\ 673$ $\bar{x}_1=6.7$ $\sum x_1^2=463$

$\sum x_2y=1\ 510$

$\bar{x}_2=6.7$ $\sum x_2^2=463$

$\sum x_1x_2=1\ 510$

（1）求二元回归方程；

（2）计算未调整的多重相关系数；

（3）求估计标准误；

（4）取 $\alpha=0.05$，检验 $\beta_1=0$ 和 $\beta_2=0$ 的零假设；

（5）对回归方程进行 F 总检验。

4. 下面是某国某旅游景区 13 个旅游点的年外汇收入（y：百万美元）和相对应的侨胞旅游人数（x_1：万人）、外国人旅游人数（x_2：万人）分别列于下表：

y	x_1	x_2
18	4	0.4
22	5	0.8
25	6	0.6
30	6	0.5
38	9	0.8
42	13	1.1
46	12	1.0
55	10	0.7
60	15	1.2
72	21	1.5
81	18	1.4
85	19	1.0
98	21	1.6

(1) 求 y 与 x_1 的简单回归方程和估计标准误 $S_{y.1}$;

(2) 求 y 与 x_1, x_2 的二元回归方程的估计标准误 $S_{y.12}$;

(3) 比较 $S_{y.12}$ 和 S_{y1} 说明引入自变量 x_2 对推断 Y 值的作用;

(4) 给定 $x_1=16, x_2=1$,按 $1-a=0.95$ 求 y 个别值的预测区间;

(5) 计算 $r_{y1}^2, R_{y.12}^2$ 和 $r_{y2.1}^2$,并说明 x_2 对变差的解释作用;

(6) 计算对 β_1 和 β_2 检验的 t 值,并说明两个自变量中哪一个对 y 的变异有较大解释作用。

5. 电视台为了收费必然要播出广告,而广告播多了又会失去观众,致使失去广告客户。为了分析广告节目对观众人数的影响,某电视台对其 33 个播放时段的观众进行了调查,在所得数据基础上拟合了一个回归方程,其中因变量为观众人数(y:万人);自变量为广告节目频度(x_l:分/时),电视节目预告时间(x_2:分/时)。

对样本观察数计算后得出数据如下:

变量	回归系数	标准差
x_1	-0.244 38	0.048 36
x_2	-0.028 65	0.008 16
截距	6.305 67	

变异源	平方和	自由度
回归	3.678 6	2
残值	2.947 8	30
合计	6.620 4	32

(1) 写出回归方程,并解释 b_1, b_2 的意义;

(2) 用 0.01 的显著水平对偏回归系数进行检验;

(3) 用 0.01 的显著水平对回归方程进行总检验;

(4) 求复可决系数;

(5) 当广告节目频度为 20 分钟,电视节目预告时间为 1 分钟时,求观众人数的点估计值。

6 根据我国某年国内生产总值 y、社会消费品零售额 x_1、固定资产投资 x_2 的数据,用 *SPSS* 建立二元回归模型,得到以下输出结果(亿元):

Model Summary[b]

Model	R	R Square	Adjusted R Square	Sta. Error of the Estimate
1	.981[a]	.963	.961	611.084 10

a. Predictors: (Constant), x_2, x_1

b. Dependent Variable: y

ANOVA[b]

Model		Sum of Squares	df	Mean Square	F	Sig
1	Regression		2			
	Residual	10 455 865.755		373 423.777		
	Total	283 672 905.265	30			

a. Predictors: (Constant), x_2, x_1

b. Dependent Variable: y

Coefficients[a]

Model		Unstandardized coeffcients		Standardized Coefficients	t	sig.
		B	std. Error	Beta		
1	(Constant)	−133.361	184.529		−.723	.476
	X1	1.462	.324	.532	4.510	.000
	X2	1.392	.355	.462	3.915	.001

a. Dependent Variable: y

要求：

（1）填出方差分析表中所缺的数字；

（2）根据输出结果写出回归方程，并对回归方程进行评价和说明。

7. 为了了解经贸大学经济类专业统计学期末考试成绩分布情况及其影响因素，随机抽取了200名学生，登记了他们的统计学成绩、数学成绩和学习时间。试说明应从哪些方面进行统计分析。

五、参考答案

（一）单项选择题

1. B　2. C　3. D

（二）多项选择题

1. ABDE　2. AD　3. ABD　4. ABDE　5. ABCDE

（三）计算题

1.（1）相同。

因为 $a=5$,$b_1=3$,$b_2=8$,$b_3=-4$,则 x_2 增加 1 个单位:y 增加 8 个单位; 减少 2 个单位 x_3:y 增加 8(−2 × −4)个单位。

(2) $t_1=\frac{b_1-\beta_1}{S_{b_1}}=\frac{3}{2}=1.5$;$t_2=\frac{b_2-\beta_2}{S_{b_2}}=\frac{8}{4}=2$;$t_3=\frac{b_3-\beta_3}{S_{b_3}}=\frac{-4}{0.8}=-5$

(3) t 值相当于将原计量单位为量纲得偏回归系数换算成以相应的标准差为量纲的标准化系数,因而可以由此判断哪个自变量对推断因变量的作用更大。

因为 $|t_3|>|t_2|>|t_1|$,所以 x_3 最重要,x_1 最不重要。

2. (1) $R^2_{y.123}=1-150/600=1-0.25=0.75$,说明在三元回归方程中,三个自变量对总变异的解释为 75%。

(2) $r^2_{y3\cdot12}=\frac{R^2_{y\cdot123}-R^2_{y\cdot12}}{1-R^2_{y\cdot12}}=\frac{0.75-0.65}{1-0.65}=0.2857$,说明由于 x_3 的引入,未解释变差减少了 28.57%,或者说解释变差提高了 28.57%。

3. 本例根据原始数据利用 *SPSS* 输出结果如下:

Model Summary[b]

Model	R	R Square	Adjusted R Square	Sta. Error of the Estimate
1	.971[a]	.942	.925	2.991 19

a. Predictors: (Constant), x2, x1

b. Dependent Variable: y

ANOVA[b]

Model		Sum of Squares	df	Mean Square	F	Sig
1	Regression	1 016.269	2	508.135	56.792	.000[a]
	Residual	62.631	7	8.947		
	Total	1 078.900	9			

a. Predictors: (Constant), x2, x1

b. Dependent Variable: y

Coefficients[a]

Model		Unstandardized coeffcients		Standardized Coefficients	t	sig.
		B	std. Error	Beta		
1	(Constant)	25.208	7.344		4.930	.002
	x1	5.388	.990	.616	5.443	.001
	x2	1.619	.391	.469	−4.141	.004

a. Dependent Variable: y

由 SPSS 输出结果得：

（1）回归方程：$\hat{y}=36.208+5.388x_1-1.619x_2$

（2）$R^2_{y.12}=0.971$

（3）$S_{y.12}=2.992$

（4）对 x_1 和 x_2 检验的 P 值分别为 0.001、0.004，小于给定的显著性水平 0.05，因此拒绝 $\beta_1=0$ 和 $\beta_2=0$ 的原假设，说明工人人数和全年停机修理次数在总体上与日产量具有回归关系。

（5）F 值为 56.792，伴随概率为 0.000，拒绝两个偏回归系数都为零的假设，表明所拟合的多元回归方程在总体上有一定意义。

4. 本例根据原始数据利用 *SPSS* 输出结果如下

引入一个自变量的回归结果：

Model Summary[b]

Model	R	R Square	Adjusted R Square	Sta. Error of the Estimate
1	.951[a]	.904	.895	8.42 152

a. Predictors：(Constant)，x_1

b. Dependent Variable：y

Coefficients[a]

Model		Unstandardized Coefficients		Standardized Coefficients	t	sig.
		B	Std. Error	Beta		
1	(Constant)	2.535	5.367		-.472	.646
	x1	4.019	.395	.951	10.172	.000

a. Dependent Variable：y

引入两个自变量的回归结果：

Model Summary[b]

Model	R	R Square	Adjusted R Square	Sta. Error of the Estimate
1	.955[a]	.912	.895	8.441 30

a. Predictors：(Constant)，x_2，x_1

b. Dependent Variable：y

Coefficients[a]

Model		Unstandardized Coefficients		Standardized Coefficients	t	sig.
		B	Std. Error	Beta		
1	(Constant)	6.825	6.953		-.982	.349
	x_1	4.917	1.004	1.163	4.899	.001
	x_2	-15.763	16.185	-.231	-.974	.353

a. Dependent Variable: y

(1) 简单回归方程: $\hat{y}(x_1)=a+b_1x_1=2.535+4\ 019x_1$

估计标准误: $S_{y.1}=8.421\ 5$

(2) 二元回归方程 $\hat{y}(x_1,x_2)=a+b_1x_1+b_2x_2=6.825+4\ 917x_1-15.763x_2$

估计标准误 $S_{y.12}=8.441\ 3$

(3) $8.441\ 3-8.421\ 5=0.198$,说明引入 x_2 后随机变差减少了 0.198。

(4) $x_1=16,x_2=1$ 时, 置信系数 0.95 个值的预测区间为 [48.859 87,90.625 10]。

(5) $r_{y.1}^2=0.904$, $r_{y.12}^2=0.912$

$$r_{y2\cdot1}^2=\frac{R_{y\cdot12}^2-r_{y\cdot1}^2}{1-r_{y\cdot1}^2}=\frac{0.912-0.904}{1-0.904}=0.083$$

(6) 由二元回归方程的 SPSS 输出结果可见, x_1 的 t 值为 4 899, x_2 的 t 值为 -0.974, x_2 的推断因变量的作用更大。

5. (1) 回归方程: $\hat{y}(x_1,x_2)=a+b_1x_1+b_2x_2=6.305\ 67+(-0.244\ 38)x_1+(-0.028\ 65)x_2$

b_1 表示当电视节目预告时间(x_2)保持不变时,广告节目频度(x_1)减少一个单位,观众($\hat{y}$)平均减少 0.244 38 万人; b_2 表示当广告节目频度(x_1)保持不变时,电视节目预告时间(x_2)减少一个单位,观众($\hat{y}$)平均减少 0.286 5 万人。

(2) 用 0.01 的显著水平对偏回归系数检验

$$H_0:\beta_1=0,\beta_2=0$$

$$H_1:\beta_1\neq0,\beta_2\neq0$$

$$t_{n-3,\alpha}=t_{30,0.95}=2.042$$

$$t_1=\frac{b_1-\beta_1}{S_{b_1}}=\frac{-0.244\ 38-0}{0.048\ 36}=-5.053\ 3$$

$$t_2=\frac{b_2-\beta_2}{S_{b_2}}=\frac{-0.028\ 65-0}{0,008\ 16}=-3.511\ 0$$

$|t_1|>t_{n-3,\alpha}$，$|t_2|>t_{n-3,\alpha}$，拒绝原假设，认为 x_1 和 x_2 在总体上对 y 的变异有解释作用。

（3）用 0.01 的显著性水平对回归方程进行总检验

$H_0:\beta_1=\beta_2=\cdots=\beta_k=0$　　H_1：并非所有的 β 都为零

$\alpha=0.05\to F^*_{(2,30)}=3.32$

$$F=\frac{MSR}{MSE}=\frac{SSR/k}{SSE/n-k-1}=\frac{3.678\,6/2}{2.947\,8/30}=18.718\,7$$

$\because F>F^*$，所以拒绝 H_0，表明所拟合的回归方程在总体上有一定的意义。

（4）求复可决系数

$$R^2_{y.12}=\frac{\sum(\hat{y}-\bar{y})^2}{\sum(y-\bar{y})^2}=\frac{3.678\,6}{6.620\,4}=0.555\,6$$

（5）点估计值：

$\hat{y}(x_1,x_2)=a+b_1x_1+b_2x_2=6.305\,67+(-0.244\,38)\times 20+(-0.028\,65)\times 1=1.389\,42$

6.（1）方差分析表空格填写如下：

ANOVA[b]

Model		Sum of Squares	df	Mean Square	F	Sig.
1	Regression	273 217 039.509	2	136 608 519.755	365.827	.000[a]
	Residual	10 455 865.755	28	373 423.777		
	Total	283 672 905.265	30			

a. Predictors：(Constant)，x_2，x_1

b. Dependent Variable：y

（2）由输出结果知，经调整的可决系数为 0.961，说明模型的拟合优度很高；F 检验的 P 值小于 0.05，模型通过检验，x_1 和 x_2 的回归系数都通过 T 检验。

得回归方程 $\hat{y}=-133.361+1.462x_1+1.392x_2$

回归系数 x_1 的估计值为 1.462，说明当固定资产投资不变的条件下，社会消费品零售额每增加 1 亿元，国内生产总值预计增加 1.462 亿元；回归系数 x_2 的估计值为 1.393，说明在社会消费品零售额不变的条件下，固定资产投资每增加 1 亿元，国内生产总值预计增加 1.393 亿元。

7. 可以先将 200 名学生的分数数据整理好，然后用频数分布表或直方图概括数据的分布形态；用集中趋势指标和离中趋势指标分析该数据；用统计推断法（区间估计或假设检验），通过这 200 人的样本指标推断全校经济类专业学生的分数；建立多元线性回归方程，对回归方程进行评价和检验，并分析影响分数的各个因素。

第十章　指　　数

一、学习目的和要求

通过本章的学习，了解指数的基本概念；掌握指数的编制原理；运用和识别各种常用的经济指数。

二、主要概念和内容

（一）指数的概念

指数是用来反映不能直接相加的、涉及多种因素组成的社会经济现象综合变动方向和幅度的相对数。

（二）指数的种类

（1）按所描述的经济现象分为物价指数、物量指数和物值指数。

（2）按权数所属的时间分为基期加权指数和报告期加权指数等。

（3）按公式形式分为综合加权指数和加权平均比率指数。

（三）指数的编制方法

1. 简单指数

（1）简单综合指数

（2）简单平均比率指数

2. 加权指数

（1）以基期加权的指数（拉氏指数）

拉氏物价指数公式为：

$$P_{(l)}=\frac{\sum p_n q_o}{\sum p_o q_o}\times 100\%$$

拉氏物量指数公式为：

$$Q_{(l)}=\frac{\sum p_o q_n}{\sum p_o q_o}\times 100\%$$

(2) 以报告期加权指数的指数(派氏指数)

派氏物价指数公式为:

$$P_{(p)}=\frac{\sum p_n q_n}{\sum p_o q_n}\times 100\%$$

派氏物量指数公式为:

$$Q_{(p)}=\frac{\sum p_n q_n}{\sum p_n q_o}\times 100\%$$

物值指数的计算:

$$V=\frac{\sum p_n q_n}{\sum p_o q_o}\times 100\%$$

(3) 马埃指数

(4) 费雪指数

(四) 综合指数编制的有关问题

(五) 加权平均比率指数

1. 基期加权平均指数

2. 报告期加权平均指数

(六) 指数体系

价格指数、物量指数与物值指数三者之间关系为:

物值指数 = 拉氏物价指数 × 派氏物量指数

物值指数 = 派氏物价指数 × 拉氏物量指数

(七) 指数的应用

1. 零售商品物价指数 *CRI*

2. 消费者价格指数 *CPI*

3. 工业生产指数 *PPI*

4. 随价调整

5. 购买力指数

(八) 指数的基期转移、编接和连锁

三、难点和重点

拉氏指数和派氏指数的编制原理;拉氏指数、派氏指数、马埃指数、费雪指数之间的关系;指数在经济生活中的应用。

四、练习题

(一) 判断题

1. 简单指数是度量一种商品价格或数量变动的相对数。
2. 拉氏物价指数是以基期价格为权数计算的指数。
3. 若价格指数上涨,销售量指数下降,则物值指数保持不变。
4. 派氏价格指数和派氏数量指数在数量上可以构成指数体系。
5. 加权平均比率指数是对简单平均比率指数的加权处理。
6. 对具有价格弹性的商品而言,拉氏指数总是大于派氏指数。
7. 根据马埃公式计算的指数数值必然介于拉氏指数与派氏指数之间。
8. 以基期为权重的加权算术平均比率指数,在形式上与综合派氏指数相同。
9. 以报告期为权重的加权调和平均比率指数,在形式上与拉氏指数相同。
10. 为了真实反映宏观经济总量中的数量变动,应当对宏观经济总量指标进行随价调整。

(二) 单项选择题

1. 下列指数中的拉氏数量指数公式为(　　)。

A. $\frac{\sum p_n q_n}{\sum p_n q_0}$　　B. $\frac{\sum p_n q_n}{\sum p_0 q_n}$　　C. $\frac{\sum p_0 q_n}{\sum p_0 q_0}$　　D. $\frac{\sum p_n q_0}{\sum p_0 q_0}$

2. 加权算术平均价格比率指数的公式为(　　)。

A. $\frac{\sum \frac{p_n}{p_0} p_0 q_0}{\sum p_0 q_0}$　　B. $\frac{\sum \frac{q_n}{q_0} p_0 q_0}{\sum p_0 q_0}$　　C. $\frac{\sum p_n q_n}{\sum \frac{p_0}{p_n} p_n q_n}$　　D. $\frac{\sum p_n q_n}{\sum \frac{q_0}{q_n} p_n q_n}$

3. 某商场今年春节商品销售额指数为 110%,销售量指数为 120%,则价格指数为(　　)。

A. -10.0%　　B. 10.0%　　C. 91.67%　　D. 100.09%

4. 在由三个指数构成的指数体系中,两个因素指数中的权数必须固定在(　　)。

A. 基期　　B. 报告期　　C. 同一时期　　D. 不同时期

5. 某企业按 1990 年不变价格编制的 2004 年工业总产值指数为 134.5%,这说明与 1990 相比(　　)。

A. 产量增长了 34.5%　　B. 价格增长了 34.5%

C. 由于价格变动使产值增长了 34.5%　　D. 由于产量变动使价格增长了 34.5%

6. 某企业 2005 年与 2004 年相比,产品销售额增长了 16%,产品产量增长了 18%,则产品销售价格变动(　　)。

A. 1.7%　　B. －1.7%　　C. 3.7%　　D. －3.7%

7. 某超市今年与去年相比,商品销售量增长了10%,商品零售价格平均下降了10%,则商品零售额(　　)。

A. 不变　　B. 上升

C. 下降　　D. 可能上升也可能下降

8. 与加权综合指数相比,加权平均比率数指数的优点是(　　)。

A. 能反映现象变动的实际情况

B. 使计算结果更准确

C. 权数可以使用基期或报告期的总值数据

D. 便于指数数列的衔接

9. 某电器商城今年液晶电视销售量为去年的115%,这个指数的作用是(　　)。

A. 检查今年的计划完成情况

B. 比较不同地区、行业的发展状况

C. 测定现象总变动中各因素的影响程度

D. 分析现象的动态变化

10. 我国零售物价指数的编制公式为(　　)。

A. $\dfrac{\sum p_n q_n}{\sum \dfrac{1}{w} p_n q_n}$　　B. $\dfrac{\sum w p_0 q_0}{\sum p_0 q_0}$　　C. $\dfrac{\sum \dfrac{p_n}{p_0} w}{\sum w}$　　D. $\dfrac{\sum p_n q_n}{\sum p_0 q_n}$

(三)多项选择题

1. 下列指数中哪些属于加权指数形式(　　)。

A. 加权算术平均比率指数　　B. 拉氏价格指数

C. 派氏价格指数　　D. 加权调和平均比率指数

E. 马埃指数

2. 加权指数中使用的权数有(　　)。

A. $p_0 q_0$　　B. $\sum p_0 q_0$　　C. $p_n q_n$　　D. $\sum p_0 q_0$

E. W(固定权数)

3. 指出下列指数中的派氏指数公式(　　)。

A. $\dfrac{\sum p_n q_n}{\sum p_0 q_n}$　　B. $\dfrac{\sum p_0 q_n}{\sum p_0 q_0}$　　C. $\dfrac{\sum p_n q_n}{\sum p_n q_0}$　　D. $\dfrac{\sum p_n q_0}{\sum p_0 q_0}$

E. $\dfrac{\sum \frac{p_n}{p_0} p_0 q_0}{\sum p_0 q_0}$

4. 某出口企业今年与去年相比，各种出口商品的价格总指数为126%，这一结果说明(　　)。

A. 商品出口价格平均上涨了26%　　B. 商品出口量上涨了26%

C. 由于价格提高使出口额增长了26%　　D. 由于价格提高使出口额减少26%

E. 商品出口量增长了26%

5. 在编制物价总指数时要考虑的问题有(　　)。

A. 商品分类　　B. 代表商品的确定

C. 价格的确定　　D. 权重的确定

E. 基期的选择

(四) 简答题

1. 加权综合指数与加权平均比率指数有何区别和联系？

2. 什么是指数体系？指数体系有什么作用？

(五) 计算题

1. 某商场三种商品的销售资料如下：

商品名称	销售量(万斤)		单价(元)	
	2004年	2005年	2004年	2005年
商品 A	30	36	1.80	2.00
商品 B	140	160	1.90	2.20
商品 C	100	100	1.50	1.60

根据上述数据计算：

(1) 简单综合价格指数；

(2) 简单平均比率指数；

(3) 简单平均数量比率指数；

(4) 拉氏数量指数公式；

(5) 拉氏价格指数公式；

(6) 派氏数量指数公式；

(7) 派氏价格指数公式；

(8) 2005年销售额指数。

2. *A* 城市 2004 年和 2005 年三种小型家用电器的销售数据如下:

电器品种	单位	单位价格		年销售量	
		2004 年	2005 年	2004 年	2005 年
电热杯	个	200	180	30 000	35 000
加湿器	台	500	480	18 000	20 000
电熨斗	台	280	300	12 000	10 000

以 2004 年为基期,2005 年为报告期,以上述三种电器为小型家用电器的代表品,计算:

(1) *A* 城市小型家用电器的拉氏价格指数;

(2) *A* 城市小型家用电器的派氏销售量指数;

(3) *A* 城市小型家用电器的销售额指数。

3. 观察四个城市过去两年中一款饮水机的销售数据,列表如下:

城市	2004 年价格	2005 年价格	2004 年销量	2005 年销量
北京	1 250	1 100	800	1 200
上海	1 300	1 050	900	1 300
广州	1 200	1 080	1 200	2 000
重庆	1 100	1 000	500	600

计算四城市这种饮水机 2004 年的派氏价格指数、拉氏销售量指数及销售额指数。

4. 某商场四种电器的销售情况如下:

电器名称	6 月份价格	7 月份价格	6 月份销售量	7 月份销售量
电视机	1 200	1 200	800	820
电冰箱	1 800	1 600	700	1 200
洗衣机	1 500	1 700	500	400
空调机	2 500	2 100	400	1 000

试计算该商场 7 月份电器的拉氏价格指数和派氏销售量指数。

5. 某农贸批发市场今年上半年三种蔬菜的成交数据如下:

商　品	成交额(万元)		四季度与三季度相比价格变化百分比%
	三季度	四季度	
甲	36	40	+15
乙	14	20	-12
丙	20	20	+10

以这三种蔬菜为代表品计算该农贸批发市场蔬菜的：

(1) 成交额指数销售量；

(2) 加权综合价格指数；

(3) 加权综合指数。

6. 某体育用品制造厂三种主要产品的生产费用数据如下：

产品名称	生产费用(万元)		2004 年比 2005 年产量增长%
	2004 年	2005 年	
运动裤	20	24	25
运动衣	45	48.5	40
足球	35	48	40
合计	100	120.5	—

计算:(1) 三种产品的生产费用总值指数；

(2) 三种产品的产量指数；

(3) 利用指数体系之间的关系,推算单位产品费用指数。

7. 下表是我国资本市场银行业的八家上市公司 2006 年 11 月 6 日和 12 月 4 日的收盘价格,根据上述数据计算我国银行业股票价格指数。

股票名称	基期收盘价(元)	报告期收盘价(元)	A 股股本(亿股)
招商银行	13.64	13.82	47
民生银行	8.38	7.54	61
华夏银行	6.31	6.43	15
浦发银行	16.93	17.18	13
中国银行	3.72	3.7	43
工商银行	4.08	3.91	68
深发展	13.54	13.15	14

8. 根据下列某地区居民消费价格数据编制该地区消费价格总指数。

居民消费价格指数数据

类　别	类指数(%)	权数(W)
居民消指数		100.0
食品类	104.15	42.0
衣着类	95.46	15.0
家庭设备及用品	102.70	11.0
医疗保健用品	110.43	3.0
交通和通讯工具	98.53	4.0
娱乐教育文化用品	101.26	5.0
居住	103.50	14.0
服务项目	108.74	6.0

六、参考答案

(一) 判断题

1. √　2. √　3. ×　4. √　5. √　6. √　7. √　8. ×　9. ×　10. √

(二) 单项选择题

1. C　2. A　3. C　4. D　5. A　6. B　7. C　8. C　9. D　10. C

(三) 多项选择题

1. ABCDE　2. ACE　3. AC　4. AC　5. ACBDE

(四) 简答题

1. 加权综合指数和加权平均比率指数是计算指数的两种不同形式。两者的联系是:在使用 p_0q_0 或 p_nq_n 这两个特定权数时,加权平均比率指数则是加权综合指数的变形,两种指数的经济意义和计算结果是相同的。作为独立形式的加权平均比率指数与加权综合指数有许多区别:第一,计算方法不同。加权平均比率通过对个体指数加权计算指数,加权综合指数是通过两个总量指标对比计算指数。第二,加权平均比率指数所使用的权数,既可以是总量指标,又可以是相对指标。第三,加权平均比率可以用非全面数据计算,而加权综合指数只能用全面数据计算。

2. 能够反映现象之间的经济联系并在数量上存在一定的等式关系的各种指数称指数体系。应用指数体系可以对现象的数量变化进行因素分析:分析现象的总变化中受某个因素变动的影响程度;应用指数中各个因素指数之间的数量关系,可以由已知指数推算出未知指数。

（五）计算题

1.（1）简单综合价格指数 $p=\frac{\sum p_n}{\sum p_0}=\frac{58}{52}\times 100\% = 111.54\%$

（2）简单平均价格比率指数 $p=\frac{\sum \frac{p_n}{p_0}}{n}=\frac{433.6}{3}=111.2\%$

（3）简单平均数量比率指数 $p=\frac{\sum \frac{q_n}{q_0}}{n}=\frac{334.3}{3}=111.43\%$

（4）拉氏数量指数 $p_l=\frac{\sum p_n\, q_0}{\sum p_0\, q_0}=\frac{5\ 188}{4\ 700}=110.38\%$

（5）拉氏价格指数 $q_l=\frac{\sum p_n\, q_0}{\sum p_0\, q_0}=\frac{5\ 280}{4\ 700}=112.34\%$

（6）派氏数量指数 $p_p=\frac{\sum p_n\, q_n}{\sum p_0\, q_n}=\frac{5\ 840}{5\ 280}=110.61\%$

（7）派氏价格指数 $q_p=\frac{\sum p_n\, q_n}{\sum p_0\, q_n}=\frac{5\ 840}{5\ 188}=112.57\%$

指数 $p_A=\frac{\sum\left(\frac{p_n}{p_0}\right)p_0 q_0}{\sum p_0 q_0}=\frac{6\ 629}{6\ 035.8}=109.83\%$

（8）2005 年销售额指数 $V=\frac{\sum p_n\, q_n}{\sum p_0\, q_0}=\frac{5\ 840}{4\ 700}=124.26\%$

2.（1）*A* 城市小型家用电器的拉氏价格指数

$$P_L=\frac{\sum p_n q_0}{\sum p_0 q_0}=\frac{17\ 640\ 000}{18\ 360\ 000}=0.960\ 8=96.08\%$$

（2）*A* 城市小型家用电器的派氏销售量指数

$$Q_p=\frac{\sum q_n p_n}{\sum q_0 p_n}=\frac{18\ 900\ 000}{17\ 640\ 000}=1.071\ 4=107.14\%$$

（3）*A* 城市小型家用电器的销售额指数

$$V=Q_p\times P_L=\frac{\sum q_n p_n}{\sum q_0 p_n}\times\frac{\sum p_n q_0}{\sum p_0 q_0}=96.08\%\times 107.14\% = 102.94\%$$

或：$V=\frac{\sum p_nq_n}{\sum p_0q_0}=\frac{18\ 900\ 000}{18\ 360\ 000}=102.94\%$

3. 派氏价格指数：$P_p=\frac{\sum p_nq_n}{\sum p_0q_n}=5\ 445\ 000/6\ 250\ 000=87.12\%$

拉氏销售量指数：$Q_L=\frac{\sum q_np_0}{\sum q_0p_0}=6\ 250\ 000/4\ 160\ 000=150.24\%$

销售额指数：$V=\frac{\sum p_n\ q_n}{\sum p_0\ q_0}=\frac{5\ 445\ 000}{4\ 160\ 000}=130.88\%$

4. 拉氏价格指数：$P_L=\frac{\sum p_nq_0}{\sum p_0q_0}=3\ 770\ 000/3\ 970\ 000=94.96\%$

派氏销售量指数：$Q_P=\frac{\sum q_np_n}{\sum q_0p_n}=5\ 684\ 000/3\ 770\ 000=150.77\%$

销售额指数：$V=\frac{\sum p_n\ q_n}{\sum p_0\ q_0}=\frac{5\ 684\ 000}{37\ 700\ 000}=150.77\%$

5.（1）三种蔬菜成交额的指数：

$$V=\frac{\sum p_nq_n}{\sum p_0q_0}=\frac{40+20+20}{36+14+20}=\frac{80}{76}=114.29\%$$

（2）三种蔬菜的物价指数：

$$P_H=\frac{\sum p_nq_n}{\sum\frac{p_0}{p_n}p_nq_n}=\frac{40+20+20}{\sum\frac{40}{115\%}+\frac{20}{88\%}+\frac{20}{110\%}}=\frac{80}{76}=105.26\%$$

（3）三种蔬菜的物量指数：

$$Q_A=\frac{\sum\frac{q_n}{q_0}p_0q_0}{\sum p_0q_0}=\frac{115\%\times3.6+88\%\times1.4+110\%\times2.0}{3.6+1.4+2.0}=\frac{7.6}{7.0}=108.57\%$$

6.（1）三种产品的生产费用总值指数：

$$V=\frac{\sum p_n\ q_n}{\sum p_0\ q_0}=\frac{120.5}{100}=120.5\%$$

（2）三种产品的产量总指数：

$$p=\frac{\sum\left(\frac{q_n}{q_0}\right)p_0q_0}{\sum p_0q_0}=\frac{137}{100}=137\%$$

(3)利用指数体系之间的关系，推算单位产品费用指数：

$$\frac{\sum p_n q_n}{p_0 q_0} \Bigg/ \frac{\sum \left(\frac{q_n}{q_0}\right) p_0 q_0}{\sum p_0 q_0} = \frac{120.5\%}{137\%} = 87.96\%$$

7. 银行业股票价格指数：

$$\frac{\sum p_n\ q_n}{\sum p_0\ q_0} = \frac{2\ 093.96}{2\ 038.35} = 102.73\%$$

8. 居民消费价格总指数编制过程如下：

居民消费价格指数计算结果

类　别	类指数(%)	权数(W)	指数×指数、
居民消费指数		100.0	102.69
食品类	104.15	42	43.743
衣着类	95.46	15	14.319
家庭设备及用品	102.70	11	11.279
医疗保健用品	110.43	3	3.313
交通和通讯工具	98.53	4	3.941
娱乐教育文化用品	101.26	5	5.063
居住	103.50	14	14.490
服务项目	108.74	6	6.524

$$I = \frac{\sum W \cdot I_{类}}{\sum W} = \frac{104.15\% \times 42 + 95.46 \times 15 \cdots 108.74\% \times 6}{100} = 102.69\%$$

第十一章　时间数列分析

一、学习目的和要求

通过本章的学习，了解时间数列概念和种类；掌握时间数列的构成模型和影响因素；掌握长期趋势的测定方法；掌握季节变动的测定方法。

二、主要概念和内容

（一）时间数列的概念

对某一现象按照时间顺序采集数据形成的数列称为时间数列，用 Y 来表示。

（二）时间数列的种类

绝对数时间数列（时期指标数列、时点指标数列）

相对数时间数列

平均数时间数列

（三）时间数列构成模型

时间数列往往是由多种因素共同作用的结果，这些因素大致可以归为四类：长期趋势 T（Secular Trend）、季节变动 S（Seasonal Variation）、循环变动 C（Cyclical）、不规则变动 I（Irregular Variation）：

（1）长期趋势 T 表现为绝对数，指现象的发展水平在相当长时期内总的变动趋势。

（2）季节变动 S 表现为相对数，指现象在一年内随季度或月度变化产生的周期变动。

（3）循环变动 C 表现为相对数，指现象在若干年内受非季度因素变化产生的周期变动。

（4）不规则变动 I 表现为相对数，指现象在发展过程中受各种随机因素影响而产生的无规律的变动。

（四）时间数列模型

1. 加法模式：$Y = T + S + C + I$

2. 乘法模式：$Y = TSCI$

3. 混合模型：$Y = TS + CI = TS + I = S + TCI$

(五) 长期趋势的测定

常用的长期趋势模型有:直线趋势、指数曲线趋势、抛物线趋势。长期趋势的测定使用最小平方法(OLS)。

设长期趋势模型为：$y_t = a + bx$，按照最小二乘原则即$\sum e^2$最小,求出参数 a 和 b。

$$b = \frac{n\sum xy - \sum x \sum y}{n\sum x^2 - (\sum x)^2}$$

$$a = \overline{y} - b\,\overline{x}$$

对于指数曲线模型,可以先将模型的等式两端取对数化成直线模型,再求出参数,然后用反对数求出参数的实际值。

(六) 季节变动的测定

根据时间数列的表现形式选择适当的测定方法:如果时间数列的季节变动幅度不随时间变化即随时间推移等宽推进,用加法模型。如果时间数列的季节变动幅度与长期趋势大致成正比,即随时间推移季节变动呈发散状,用乘法模型。由于经济现象大多是随时间而增长的,因此,在实际中乘法模型使用得比较多。

(七) 季节指数的概念

用于表示季节变动的现象年复一年地在每月(季)的变动方向和幅度的数值。

(八) 加法模型季节指数的计算

1. 用移动平均法或最小平方法求长期趋势

2. 从原数列中减去长期趋势值,得到残差

3. 计算各年同月的算术平均数即季节指数

注意:在加法模型中,季节指数表现为绝对数,其总和应该等于零。

(九) 乘法模型季节指数的计算

1. 用移动平均法,消除 S 和 I 的影响,从而得出 TC 值

2. 从 SI 中剔除 I,方法有:求变通平均数;求中位数;求平均数

3. 计算校正系数(400 或 1 200/实际比例和)

注意:在乘法模型中,季节指数表现为相对数,如季度数据,其总和应该等于 4(400%);如月度数据,其总和应该等于 12(1 200%)。

三、难点和重点

识别季节变动和循环变动的不同,能够根据时间数列的数据变动模式正确选择合适的趋势模型。

四、练习题

（一）判断题

1. 循环变动与季节变动相同,都属于周期性为一年的变动。
2. 经济数据的随机波动或偶发事件都属于不规则变动。
3. 无论是月度数据、季度数据或年度数据都可以清楚地观察出季节变动。
4. 时间数列的乘法模型的假设前提是影响时间数列的各个因素是相互独立的。
5. 时间数列加法模型中的各个因素的计量单位均为相对数。
6. “经季节性调整”是指用实际的经济指标值除以季节指数。
7. 若时间数列观察值的环比发展速度大致为一常数,宜拟合抛物线方程。
8. 根据乘法模型进行季节性趋势预测的公式是 $\hat{y}_t=(a+bx)S$。
9. 根据加法模型进行季节性趋势预测的公式是 $\hat{y}_t=a+bx+s$。
10. 运用季节指数进行预测时的假设前提是预测年份的季节性变化形态基本保持不变。

（二）单项选择题

1. 用 *OLS* 估计时间数列趋势模型的参数时,为了计算便利,可将时间原点设在时间数列的（　　）。

A. 终点　　B. 起点　　C. 中点　　D. 起点前一点

2. 最小二乘法的基本要求可以用数学公式表示为（　　）。

A. $\sum(\bar{y}-\hat{y}_t)^2=\min$　　B. $\sum(\hat{y}_t-\bar{y})^2=\min$

C. $\sum(y-\bar{y})^2=\min$　　D. $\sum(y-\hat{y}_t)^2=\min$

3. 拟合指数曲线趋势方程所依据的时间数列的特点是（　）。

A. 定基发展速度大致相等　　B. 环比发展速度大致相等

C. 一阶差量大致相等　　D. 二阶差量大致相等

4. 已知时间数列的一阶差量大致为一常数,宜拟合（　）。

A. 线性模型　　B. 抛物线模型　　C. 指数模型　　D. 高次方模型

5. 用加法模型测定时间数列中的季节变动,各季的季节指数之和应等于（　　）。

A. 1　　B. 0　　C. 4　　D. 12

6. 用乘法模型测定时间数列中的季节变动,各月的季节变动之和应等于（　　）。

A. 1　　B. 0　　C. 400%　　D. 1 200%

7. 循环变动是指时间序列数据变动呈现不固定的周期变动,且变动周期长于（　　）。

A. 3 个月　　B. 6 个月　　C. 9 个月　　D. 12 个月

回答问题 8 ~ 12:

根据某企业 2000—2005 年的季度销售额数据用 *SPSS* 求得季节指数和回归系数输出结果如下:

Period	Seasonal index	index(100%)
1	-23.500	96.780
2	12.250	101.998
3	78.000	113.676
4	-66.750	87.545

Coefficients(a)

Model		Unstandardized Coefficients B	Unstandardized Coefficients Std. Error	Standardized Coefficients Beta	t	Sig.
1	常数	325.630	26.615		12.235	.000
	X	17.790	1.863	.898	9.551	.000

8. 根据 *SPSS* 输出结果,正确的模型表达式应为(　　)。

A. $\hat{y}_t = 17.79 + 325.63t^2$　　B. $\hat{y}_t = 17.79 + 325.63t$

C. $\hat{y}_t = 325.63 + 17.79t^2$　　D. $\hat{y}_t = 325.63 + 17.79t$

9. 根据这个模型,可以发现销售额的长期趋势是(　　)。

A. 持续上升　　B. 先上升后下降　　C. 持续下降　　D. 以上都不对

10. 这个企业产品销售受季节因素影响最大的季节是(　　)。

A. 第一季度　　B. 第二季度　　C. 第三季度　　D. 第四季度

11. 这个企业产品销售用加法模型预测 2006 年 4 季度的预测值是(　　)。

12. 这个企业产品销售用乘法模型预测 2006 年 4 季度的预测值是(　　)。

(三) 简答题

1. 时序数据与截面数据相比,有哪些不同?

2. 怎样为时序数据选择适当的趋势模型?

3. 怎样计算季节指数?

（四）计算题

1. 某地区外贸公司 2001—2005 年各年出口额如下：

年　份	2001	2002	2003	2004	2005
出口额(亿元)	15	17	18	21	23

（1）做趋势图，观察该数据属于什么趋势。

（2）用最小二乘法拟合合适的趋势方程。

（3）预测该地区外贸公司 2006 年的出口额。

2. 我国 1997—2004 年 GDP(按当年价格)数据如下：　单位:亿元

年份	1997	1998	1999	2000	2001	2002	2003	2004
GDP	74 463	78 345	82 068	89 468	97 315	105 172	117 390	136 588

（1）做趋势图，观察该数据属于什么趋势。

（2）用最小二乘法拟合合适的趋势方程。

（3）预测我国 2006 年的 GDP 指标。

3. 下表是我国 1955—2001 年的人口数据：

单位:亿人

1950	5.52	1968	7.85	1985	10.5
1951	5.63	1969	8.07	1986	10.65
1952	5.75	1970	8.3	1987	10.81
1953	5.88	1971	8.52	1988	10.96
1954	6.03	1972	8.72	1989	11.12
1955	6.15	1973	8.92	1990	11.43
1956	6.28	1974	9.09	1991	11.58
1957	6.57	1975	9.24	1992	11.72
1958	6.6	1976	9.37	1993	11.85
1959	6.72	1977	9.5	1994	11.99
1960	6.62	1978	9.63	1995	12.11
1961	6.59	1979	9.75	1996	12.24
1962	6.73	1980	9.87	1997	12.36
1963	6.92	1981	10.01	1998	12.48
1964	7.05	1982	10.16	1999	12.59
1965	7.25	1983	10.28	2000	12.67
1966	7.45	1984	10.34	2001	12.76
1967	7.64				

(1) 做趋势图。

(2) 观察趋势,拟合相应的趋势方程。

(3) 对我国 2008 年人口进行预测。

4. 某超市根据前五年销售数据计算出的经过调整的季节指数数据如下:

季度	一	二	三	四
季节指数%	110	98	72	120

经预测明年全年销售额的估计值为 1 800 万元,如不考虑其他因素,明年每季度应该实现多少销售额?

5. 某超市根据前几年销售数据计算出季节比率数据如下:

季度	一	二	三	四
季节比率%	108	99	70	120

经预测明年全年销售额的估计值为 2 000 万元,如不考虑其他因素,明年每季度应该实现多少销售额?

五、参考答案

(一) 判断题

1. × 2. √ 3. × 4. √ 5. × 6. √ 7. × 8. √ 9. √ 10. √

(二) 单项选择题

1. C 2. D 3. B 4. A 5. B 6. D 7. D 8. D 9. A 10. C 11. (394.97) 12. (384.41)

(三) 简答题

见教材(略)。

(四) 计算题

1. (1) 趋势图见图 11.1

(2) 趋势方程为 $\hat{y}_t = 12.8 + 2x_t$

(3) 2006 年的出口额:$\hat{y}_t = 12.8 + 2 \times 6 = 24.8$

2.

(1) 趋势图见图 11.2

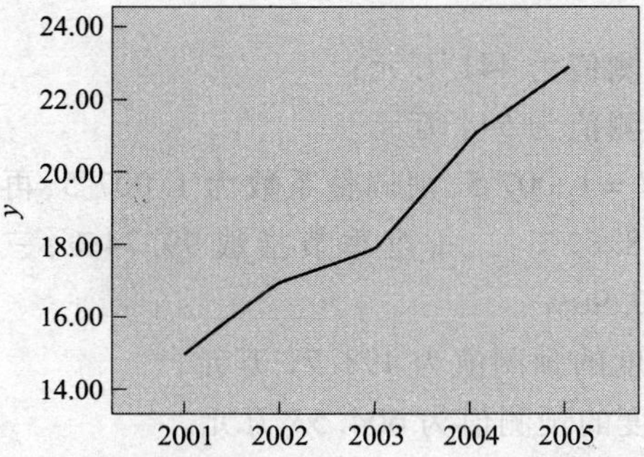

图 11.1

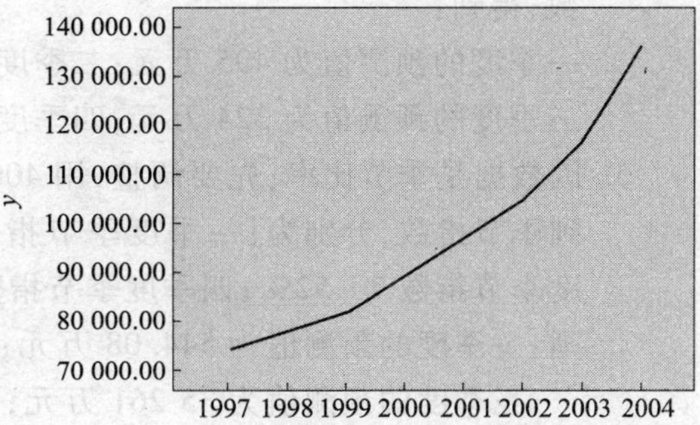

图 11.2

（2）趋势方程 $\hat{y}_t = 75\ 556.625 - 1\ 086.875x_t + 1\ 056.292x_t^2$

（3）2006 年的 *GDP* 为 170 317 亿元

3.（1）趋势图见图 11.3

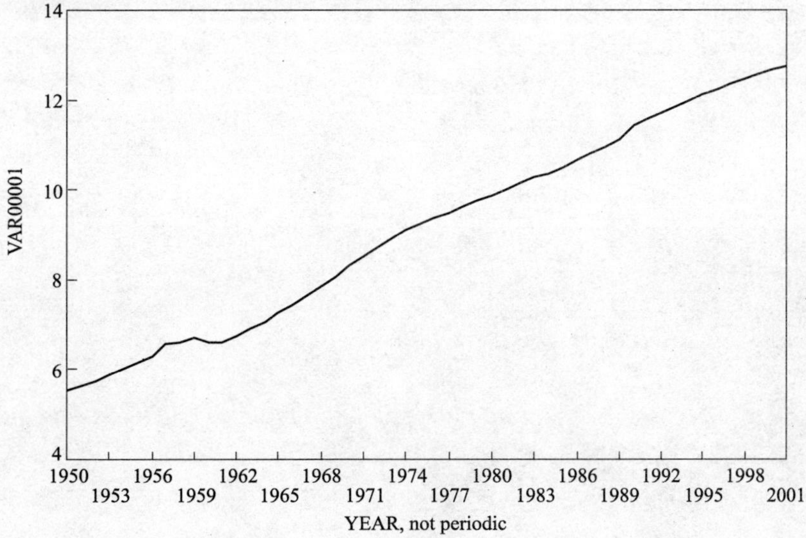

图 11.3

（2）趋势方程 $\hat{y} = 59\ 461.179 + 8\ 455.738x_t$

（3）2007 年的人口为 13.855 35 亿，2008 年的人口为 14.005 32 亿

4. 用全年预测值 1 800/4 = 450 万元，得到每季的平均预测值，再乘以对应的季节指

数,得到:

一季度的预测值为 495 万元;二季度的预测值为 441 万元;

三季度的预测值为 324 万元;四季度的预测值为 544 万元。

5. 因数据是季节比率,先要调整,用 400/397 = 1.007 5,则调整系数为 1.007 5,再得到季节指数,分别为:一季度季节指数 108.82%;二季度季节指数 99.74%;三季度季节指数 70.52%;四季度季节指数 120.90%。

则:一季度的预测值为 544.08 万元;二季度的预测值为 498.71 万元;

三季度的预测值为 35 261 万元;四季度的预测值为 604.53 万元。

模拟试题一

一、单项选择题(每小题 1 分,共 10 分)

1. 既能反映数据分布形态又包含数据原始信息的图形是(　　)。

A. 饼图　　B. 折线图　　C. 箱索图　　D. 茎叶图

2. 从 100 件产品中采用重复抽样方式,随机抽取 10 件产品进行使用寿命的测定,测得平均使用寿命为 500 小时,则样本容量为(　　)。

A. 100　　B. 10　　C. 500　　D. 100^{10}

3. 下列统计调查中,需要规定统一标准调查时间的是(　　)。

A. 普查　　B. 非概率抽样调查

C. 概率抽样调查　　D. 统计报表

4. 用来描述总体特征的概括性数字度量是(　　)。

A. 变量　　B. 变量值　　C. 参数　　D. 统计量

5. 甲、乙两班同学参加了统计学期末考试,结果两班的平均成绩 $\bar{x}_{甲} > \bar{x}_{乙}$, 准差 $\sigma_{甲} < \sigma_{乙}$,则统计学成绩离散程度较大的是(　　)。

A. 甲班　　B. 乙班　　C. 一样大　　D. 无法判断

6. 抽样分布是指(　　)。

A. 总体分布　　B. 样本分布

C. 统计量的概率分布　　D. 所有可能样本的分布

7. 在统计假设检验中可能会出现两类错误,下列各种说法中正确的是(　　)。

A. 在一次检验中,可能同时出现两类错误

B. 当拒绝原假设时,可能会犯取伪错误

C. 当不拒绝原假设时,可能会犯弃真错误

D. 当不拒绝原假设时,可能会犯取伪错误

8. 对一元线性回归方程 $\hat{y} = a + bx$ 的线性关系进行显著性检验,应建立的原假设为(　　)。

A. 回归系数 $\beta = 0$　　B. 回归系数 $\beta > 0$

C. 回归系数 $\beta < 0$　　D. 回归系数 $\beta \neq 0$

9. 当时间数列不受季节变动影响时,季节指数应该(　　)。

A. 等于零　　B. 等于 1　　C. 大于 1　　D. 小于 1

10. 下列加权综合指数公式中属于拉氏价格指数的是(　　)。

A. $\frac{\sum p_n q_n}{\sum p_0 q_n}$　B. $\frac{\sum q_n p_n}{\sum q_0 p_n}$　C. $\frac{\sum p_n q_0}{\sum p_0 q_0}$　D. $\frac{\sum q_n p_0}{\sum q_0 p_0}$

二、多项选择题(每小题 2 分,共 10 分)

1. 下列各项中,用来测算数据集中趋势的有(　　)。

A. 众数　B. 平均差　C. 算术平均数　D. 标准差

E. 变异系数

2. 为了了解某地区居民收入水平,随机抽取 100 人进行调查,则下列各项中属于统计量的是(　　)。

A. 被调查的 100 人的平均收入　B. 被调查的某人的收入

C. 该地区居民的平均收入　D. 该地区居民收入的标准差

E. 被调查的 100 人的收入的标准差

3. 在对总体的均值进行区间估计时,需要考虑的因素有(　　)。

A. 总体是否为正态分布　B. 抽样方法(重复和不重复)

C. 样本容量　D. 总体方差是否已知

E. 所要求的置信水平

4. 关于一元线性回归模型的判定系数 R^2 的说法中,正确的有(　　)。

A. R^2 是回归平方和与总平方和的比值

B. $R^2=0$,说明变量间不存在线性依存关系

C. $R^2=1$,说明变量间不存在线性依存关系

D. R^2 越接近 1,说明回归方程拟合优度越高

E. R^2 越接近 1,说明回归方程拟合优度越低

5. 用箱线图展示数据时,能够显示的数据特征有(　　)。

A. 中位数　B. 上四分位数　C. 下四分位数　D. 最大值

E. 最小值

三、简答题(每小题 5 分,共 15 分)

1. 假设检验中依据的基本原理是什么?

2. 简单回答相关系数的性质。

3. 简述描述统计和推断统计的概念。

四、计算题(本题共 35 分,写出计算公式、结果保留两位小数)

1. 为了研究我国所生产的真丝被面的销路,在美国举办的中国纺织品展销会上,对 1 000 名顾客进行调查,其中有 600 人喜欢这种产品。

（1）以95%的置信系数估计美国顾客喜欢此种产品的比率的置信区间；（10分）

（2）如果不知道抽样结果，只知道置信系数为95%时，美国顾客喜欢此种产品的比率的置信区间，求置信系数不变，将区间缩短1/2时的样本量。（5分）

2. A、B两厂生产同样材料，已知其抗拉强度均服从正态分布，且$\sigma_A^2=63^2$，$\sigma_B^2=56^2$。从A厂生产的材料中随机抽取81件，测得$\bar{x}_A=1\ 070$公斤/平方厘米，从B厂生产的材料中随机抽取64件，测得$\bar{x}_B=1\ 020$公斤/平方厘米。根据以上调查结果，能否认为A、B两厂生产的材料平均抗拉强度相同？（10分）

3. 某企业三种商品的价格和销售量资料如下：

商品名称	销售价格 p（元/件）		销售量 q（件）	
	基期 p_0	报告期 p_n	基期 q_0	报告期 q_n
甲	20	22	25	70
乙	25	25	50	55
丙	28	30	25	25

要求：（1）计算拉氏销售量总指数。（4分）

（2）计算派氏销售价格总指数。（4分）

（3）计算物值指数。（2分）

五、案例分析题（共25分，写出计算公式，结果保留两位小数）

某企业为了研究产品产量与总成本的关系，随机抽取了7个时间点的产量与成本数据，具体数据如下表：

产量（件）（x）	20	23	27	31	31	40	38
总成本（万元）（y）	28	30	33	36	39	44	41

已知该数据的中间计算结果：

$$\sum x=210,\sum y=251,\sum xy=7\ 784,\sum x^2=6\ 624,\sum y^2=9\ 207$$

要求：（1）根据上述数据计算该企业产品产量与总成本的相关系数。（5分）

（2）试用最小二乘法拟合总成本对产量的直线回归方程。（5分）

（3）对回归系数进行检验（显著性水平为0.05）。（5分）

（4）当产量为30件时，总成本的95%预测区间是多少？（10分）

模拟试题一参考答案

一、单项选择题

1. D 2. B 3. A 4. C 5. B 6. C 7. D 8. A 9. B 10. C

二、多项选择题

1. AC 2. AE 3. ABCDE 4. ABD 5. ABCDE

三、简答题

1. 假设检验依据的基本原理是小概率事件原理。它是指发生概率很小的事件在一次试验中是几乎不可能发生的。根据这一原理可以作出是否拒绝原假设的决定。

2. 相关系数的性质有：第一，取值范围在 -1 与 1 之间。第二，具有对称性。第三，数值大小与 x 和 y 的原点及尺度无关。第四，是对线性关系的度量，不能描述非线性关系。第五，仅是线性关系的度量，但并不意味着两变量间存在因果关系。

3. 描述统计研究的是数据收集、处理、汇总、描述、概括与分析等统计方法。推断统计是研究如何利用样本数据来推断总体特征的统计方法。其中，描述统计是基础，推断统计是描述统计的发展。

四、计算题

1. **解**：(1) $n=1\,000, x=600, np=1\,000\times0.6=600>5, n(1-p)=1\,000\times0.4=400>5$

$$p=\frac{x}{n}=0.6, 1-\alpha=0.95, Z=1.96p\sim N\left(\pi,\sqrt{\frac{p(1-p)}{n}}\right),$$

置信区间为 $0.6\pm1.96\times\sqrt{\frac{0.6\times(1-0.6)}{1\,000}}=0.6\pm0.030$，

则置信区间为 $0.57\leqslant\pi\leqslant0.63$

(2) 原区间长度为 $0.63-0.57=0.06$，区间缩短 1/2 后的长度为 0.03，则 $e=0.015$

$$\therefore n=\frac{z^2}{4e^2}=\frac{1.96^2}{4\times0.015^2}\approx4\,269$$

2. **解**：建立假设：$H_0:\mu_1-\mu_2=0$

$H_1:\mu_1-\mu_2\neq0$

计算检验统计量值：

$$z=\frac{\bar{x}_1-\bar{x}_2}{\sqrt{\frac{\sigma_1^2}{n_1}+\frac{\sigma_2^2}{n_2}}}=\frac{1\ 070-1\ 020}{\sqrt{\frac{63^2}{81}+\frac{57^2}{64}}}=5$$

与显著性水平 0.05 对应的临界值为 ±1.96，由于 $z=5>1.96$，所以拒绝原假设，两厂生产的材料平均抗拉强度显著不同。

3.（1）拉氏销售量指数 $=\frac{\sum p_0\ q_1}{\sum p_0\ q_0}=\frac{3\ 475}{2\ 450}=141.84\%$

（2）派氏销售价格指数 $=\frac{\sum p_1\ q_1}{\sum p_0\ q_1}=\frac{3\ 665}{3\ 475}=105.47\%$

（3）物值指数 $=\frac{\sum p_1 q_1}{\sum p_0 q_0}=\frac{3\ 665}{2\ 450}=149.59\%$

五、案例分析题

（1）相关系数

$$r=\frac{n\sum xy-\sum x\sum y}{\sqrt{n\sum x^2-(\sum x)^2}\cdot\sqrt{n\sum y^2-(\sum y)^2}}$$
$$=\frac{7\times 7\ 784-210\times 251}{\sqrt{7\times 6\ 624-210^2}\times\sqrt{7\times 9\ 207-251^2}}$$
$$=0.981\ 1$$

（2）设回归方程为 $\hat{y}=a+bx$

由最小二乘法知：

$$b=\frac{n\sum xy-\sum x\sum y}{n\sum x^2-(\sum x)^2}=\frac{7\times 7\ 784-210\times 251}{7\times 6\ 624-210^2}=0.784\ 0$$

$$a=\bar{y}-b\bar{x}=\frac{251}{7}-0.784\ 0\times\frac{210}{7}=12.338\ 6$$

得回归方程为 $\hat{y}=12.338\ 6+0.784x$

（3）建立假设：$H_0:=0$，$H_1:\neq 0$

$$t=\frac{b}{S_b}=\frac{0.784}{0.069}=11.346>t_{5,0.05}=2.571$$，拒绝 $\beta=0$ 的假设

（4）当产量为 30 件时，总成本的 95% 预测区间是[32.439,39.275]。

模拟试题二

一、判断题(每题 1 分,共 10 分)

1. 应用统计的内容主要包括描述统计和推断统计。

2. 欲推断总体,首先应该对样本数据进行描述。

3. 全距与标准差相比,易受极端值的影响。

4. 统计分组应当遵循穷尽原则和互斥原则。

5. 数据的离差有绝对离差和相对离差两种形式。

6. 一组数据只能出现一个众数和中位数。

7. 派氏综合指数中的权重时期选择在报告期。

8. 在进行区间估计时,置信系数越大,则估计的精确程度越高。

9. 若计算出某季的季节指数是 108%,说明该季节是明显的淡季。

10. 在一个双尾检验的问题中,设定 $\alpha = 0.05$,由样本数据计算出来的 P 值 $= 0.06$,它将导致拒绝零假设。

二、单项选择题(每题 1 分,共 10 分)

1. 在对总体平均数进行区间估计时,下列哪个因素不影响置信区间的宽度(　　)。

A. 总体数据的离散程度　　B. 总体平均数

C. 样本容量　　C. 估计的可靠性

2. 下面四组季节指数中正确的是(　　)。

A. 92.0%, 107.0%, 115.0%, 86.0%

B. 91.8%, 102.0%, 117.2%, 97.0%

C. 90.0%, 100.0%, 115.0%, 105.0%

D. 92.0%, 109.2%, 107.5%, 98.0%

3. 适合表示时序数据的图形是(　　)。

A. 条形图　　B. 线形图　　C. 箱索图　　D. 直方图

4. 下列相关系数中,哪个表示两个变量之间的相关程度最低(　　)。

A. 0.32　　B. −0.68　　C. 0.79　　D. −0.89

5. 在假设检验中,$1-\beta$ 是指(　　)。

A. 拒绝了一个正确的零假设的概率　　B. 接受了一个正确的零假设的概率

C. 拒绝了一个错误的零假设的概率　　D. 接受了一个错误的零假设的概率

6. 在简单回归和相关分析中,使回归系数 b 与相关系数 r 恒成立的关系为(　　)。

A. $r\times b\geqslant r\times r$　　B. $r\times b\leqslant r\times r$　　C. $r\times b\leqslant 0$　　D. $r\times b\geqslant 0$

7. 某校学生每月的生活费用服从正态分布,均值为 μ,标准差 $\sigma=100$ 元。在全校学生中随机抽取 100 人的简单随机样本,生活费用的置信区间是 512.00 ± 25.8,这个区间的置信系数是(　　)。

A. 90%　　B. 95.5%　　C. 99.7%　　D. 大于 99.9%

8. 有一批灯泡共 1 000 箱,每箱 200 个,现随机抽取 20 箱并检查这些箱中全部灯泡,此种抽样方法属于(　　)。

A. 简单随机抽样　　B. 整群抽样　　C. 分层抽样　　D. 等距抽样

9. 应用最小二乘法拟合的回归直线是(　　)。

A. 使数据中可决系数最大的直线

B. 使数据点到直线的垂直距离的平方和最小的直线

C. 将数据分成两部分的直线,一部分在直线以上,一部分在直线以下

D. 以上表述都是正确的

10. 价格综合指数上涨,销售额综合指数持平,销售量综合指数(　　)。

A. 不变　　B. 下降　　C. 增长　　D. 为零

三、多项选择题(每题 2 分,共 10 分)

1. 当次数分布呈左偏时(　　)。

A. 算术平均数在中位数的左边　　B. 算术平均数在中位数的右边

C. 几何平均数在中位数的右边　　D. 众数在中位数的左边

E. 众数在中位数的右边

2. 一元线性回归方程 $y_c=a+bx$ 中的 b 及其符号可以说明(　　)。

A. 两变量之间相关关系的密切程度

B. 两变量之间相关关系的方向

C. 当自变量增减一个单位时,因变量的平均增减量

D. 当因变量增减一个单位时,自变量的平均增减量

E. 回归方程的拟合优度

3. 某外贸公司某月 1 - 10 号的出口额数据如下(万元):

28　31　34　35　37　41　42　42　42　47

出口额的算术平均数和中位数分别是(　　)。

A. 33.7　　B. 41　　C. 39　　D. 37

4. 在一元线性回归分析中,可决系数为 0.81,则 X 与 Y 的相关系数可以是(　　)。

A. 0.9　　B. -0.9　　C. 0.81　　D. 无法计算

E. 其他值

5. 下列表述正确的有(　　)。

A. 样本容量与置信水平成正比　　B. 样本容量与总体方差成反比

C. 样本容量与极限误差成反比　　D. 样本容量与置信水平成反比

E. 样本容量与置信水平无关

四、简答题(10分)

可决系数与相关系数有什么联系与区别?

五、计算题(共60分)

1. 某企业生产的节能灯泡使用寿命样本资料如下:

寿命(小时)	个数
100~150	4
150~200	16
200~250	40
250~300	28
300~350	12
合计	100

(1) 计算这种灯泡使用寿命的平均数和标准差。(10分)

(2) 以95%的置信系数求这种灯泡平均使用寿命的置信区间。(5分)

(3) 如果把上述置信区间缩小一半,置信系数保持不变,应抽取多少样本容量?(5分)

2. 某公司负责人发现开出去的发票有大量笔误,并且断定错误的发票占20%以上。随机抽取400张检查,发现错误的发票有100张,检验负责人判断的正确性。($\alpha=0.05$)(8分)

3. 某公司2002年10月和11月关于三种商品的销售价格和销售量资料如下:

商品名称	价格(元)		销售量(吨)	
	10月	11月	10月	11月
A	3.00	4.00	2 400	4 000
B	9.00	8.00	1 500	1 300
C	11.00	8.00	3 000	2 500

据上表数据计算(以10月为基期):

(1) 本期加权价格指数。(4分)

(2) 基期加权销售量指数。(4分)

(3) 销售额指数。(4分)

4. 下面是10家校园内某食品连锁店的学生人数及其季度销售额数据:

学生人数(千人)	2	6	8	8	12	16	20	20	22	26
销售收入(千元)	58	105	88	118	117	137	157	169	149	202

初步计算数据为:

$$\sum x = 140, \sum y = 1\ 300, \sum xy = 21\ 040, \sum x^2 = 2\ 528, \sum y^2 = 184\ 730$$

(1) 用最小二乘法估计销售额对学生人数的回归方程,并解释回归系数 b 的经济含义。(5分)

(2) 计算估计的标准误差。(5分)

(3) 当某个连锁店的学生人数达到25 000人时,销售收入可达多少?(5分)

(4) 当某个连锁店的学生人数达到25 000人时,其销售收入95%的预测区间为多少?(5分)

模拟试题二参考答案

一、判断题

1. √　2. √　3. √　4. √　5. √　6. ×　7. √　8. ×　9. ×　10. ×

二、单项选择题

1. B　2. A　3. B　4. A　5. C　6. D　7. C　8. A　9. D　10. B

三、多项选择题

1. AE　2. BC　3. AC　4. AB　5. AC

四、简答题

两者既有联系又有区别，各自具有独立的意义。从计算过程来看，可决系数的平方根即相关系数；从值域来看，可决系数恒为正值，相关系数取值在正负 1 之间；从作用看，相关系数是反映 X 与 Y 线性关系的重要指标，可决系数反映回归变差在总变差中所占的比重，说明回归方程中自变量 X 对因变量的解释程度。

五、计算题

1. (1) 灯泡使用寿命的平均数 = 239 小时　　灯泡使用寿命的标准差 = 50.29 小时

(2) 灯泡使用寿命的 95% 置信区间为 [229.02, 248.98]

(3) 样本容量 $n=399.7$，所以取 400 个样本。

2. $H_0: \pi \leqslant 20\%$，$H_1: \pi > 20\%$

$n=400$，$\alpha=0.05$，$z=1.65$，$p=100/400=0.25$

$\because n\pi = 400\times 0.25 = 100 > 5$，且 $n(1-\pi)=300>5$

$\therefore p$ 服从正态分布

$$z=\frac{p-\pi}{\sigma_p}=\frac{0.25-0.20}{\sqrt{\dfrac{0.25(1-0.25)}{400}}}=2.3094$$

如果 $z\leqslant 1.65$ 则接受 H_0，否则拒绝 H_0

$\because z=2.3094>1.65$，$\therefore$ 拒绝 H_0

结论：公司负责人的判断是正确的。

3. (1) 本期加权价格指数

$$P_p=\frac{\sum p_n q_n}{\sum p_0 q_n}=46\ 400/51\ 200=90.63\%$$

(2) 基期加权销售量指数

$$Q_L=\frac{\sum q_n p_o}{\sum q_0 p_0}=51\ 200/53\ 700=95.34\%$$

(3) 销售额指数

$$V=\frac{\sum p_n q_n}{\sum p_0 q_0}=46\ 400/53\ 700=86.41\%$$

4. (1) 回归方程：$\hat{y}=a+bx$

$$b=\frac{n\sum xy-\sum x\sum y}{n\sum x^2-(\sum x)^2}=5$$

$$a=\overline{y}-b\ \overline{x}=\frac{\sum y}{n}-b\frac{\sum x}{n}=60$$

$$\therefore\quad \hat{y}=60+5x$$

回归系数 $b=5$ 的意义是:学生增加一千人,销售额平均增加五千元。

(2) 估计标准误:

$$S_{yx}=\sqrt{\frac{\sum(y_i-y_c)^2}{n-2}}$$

$$=\sqrt{\frac{\sum y_i^2-a\sum y_i-b\sum xy}{n-2}}$$

$$=\sqrt{\frac{184\ 730-60\times 1\ 130-5\times 21\ 040}{8}}$$

$$=9.22(\text{千元})$$

(4) 当学生人数为 25 000 人时,销售收入可达 180 千元。

(5) 当某个连锁店的学生人数达到 25 000 人时,其销售收入 95% 的预测区间为[148.457 千元, 221.542 千元]。

模拟试题三

一、判断题(每题 1 分,共 10 分)

1. 饼图最适用于反映数据的分布特征。

2. 指标是反映总体数量特征的范畴。

3. 拉氏指数是将权数固定在报告期。

4. 学生按成绩分组是按品质标志分组。

5. 抽样调查的目的是获得准确无误的样本数据。

6. 大量观察法是统计研究的基本方法,而抽样调查为少数观察法,所以二者是相互矛盾的。

7. 在相同的抽样条件下,放回抽样的抽样误差总是小于不放回抽样的抽样误差。

8. 估计标准误差的值越小,可决系数的值越大,则回归直线的拟合程度越好。

9. 季节指数可以反映现象的季节变动规律,通常将季节指数小于 100% 视为淡季。

10. 当样本数量大于 30 时,任何分布形态总体中抽出的样本平均数都逼近正态分布。

二、单项选择题(每题 1 分,共 10 分)

1. 下列变量中属于质别变量的是(　　)。

A. 居住地区　　B. 家庭人口数　　C. 家庭收入　　D. 年龄

2. 当一组数据呈右偏分布时,算术平均数、中位数和众数三者之间关系是(　　)。

A. 算术平均数 = 中位数 = 众数　　B. 算术平均数 < 中位数 < 众数

C. 算术平均数 > 中位数 > 众数　　D. 算术平均数 < 众数 < 中位数

3. 在假设检验中,$1-\alpha$ 是指(　　)。

A. 拒绝了一个真实的零假设的概率　　B. 接受了一个真实的零假设的概率

C. 拒绝了一个错误的零假设的概率　　D. 接受了一个错误的零假设的概率

4. 比率的抽样分布近似服从正态分布的前提条件是(　　)。

A. $n\pi$ 和 $n(1-\pi)$ 都小于 5　　B. $n\pi$ 和 $n(1-\pi)$ 都大于 5

C. $n>30$ 且 $\pi<5\%$　　D. $n<30$ 且 $\pi>5\%$

5. 在对总体参数进行区间估计时,随着样本容量的增大,样本统计量就越接近总体参数,这种性质属于(　　)。

A. 无偏性　　B. 有效性　　C. 及时性　　D. 一致性

6. 在一个正态总体中进行抽样,以往数据表明总体标准差 $\sigma=15.5$,若希望 μ 的

95%的置信区间的宽度为4,需要的样本为(　　)。

A. 231　B. 230　C. 163　D. 162

E. 15

7. 相关系数是度量(　　)。

A. 两个变量之间是否存在关系　B. 散点图是否显示有意义的模型

C. 两个变量之间是否存在因果关系　D. 两个变量之间直线关系的强度

8. 根据随机样本计算总体均值 μ 的95%的置信区间,结果是 9 ± 3。可以得出结论(　　)。

A. 均值在6和12之间的概率是95%

B. 真实均值为9的概率是95%,并且真实的误差幅度为3的概率是95%

C. 如果我们选取多个随机样本并从中计算 μ 的95%的置信区间,大约有95%的区间会包含 μ

D. 以上都不对

9. 若2004年居民消费价格指数为100.4%,则同期货币购买力指数为(　　)。

A. 4%　B. 200.4%　C. 100.4%　D. 99.6

10. 根据居民收入 X 与消费支出 Y 的一组样本数据拟合的直线回归方程中,你认为可能正确的是(　　)。

A. $Y=125-10X$　B. $Y=450+8X$　C. $Y=150-20X$　D. $Y=-15-6X$

三、多项选择题(每题2分,共10分)

1. 抽样调查的具体方法有(　　)。

A. 系统抽样　B. 全面抽样　C. 聚点抽样　D. 分层抽样

E. 简单随机抽样

2. 关于单因素方差分析,以下表述正确的是(　　)。

A. 因变量只能有一个　B. 控制因素只能有一个

C. 控制因素的水平只能有一个　D. 控制因素表现为多个水平

E. 用来检验多个总体方差是否相等

3. 相关系数与回归系数(　　)。

A. 两者符号方向一致　B. 两者符号方向相反

C. 两者取值范围均为(-1,1)　D. 两者取值范围均为(-∞,+∞)

E. 前者取值范围是(-1,1),后者取值范围是(-∞,+∞)

4. 下列各项中影响时间数列的因素有(　　)。

A. 季节性变动　B. 回归方程　C. 长期趋势　D. 循环变动

E. 不规则变动

5. 下列指数综合公式中的派氏综合指数公式是(　　)。

A. $\dfrac{\sum p_n q_n}{\sum p_0 q_n}$　　B. $\dfrac{\sum p_0 q_n}{\sum p_0 q_0}$　　C. $\dfrac{\sum p_n q_n}{\sum p_n q_0}$　　D. $\dfrac{\sum p_n q_0}{\sum p_0 q_0}$

E. $\dfrac{\sum \dfrac{p_n}{p_0} p_0 q_0}{\sum p_0 q_0}$

四、简答题(10 分)

时间数列的乘法模型是什么？其中的季节变动是怎样测定的？

五、计算题(共 60 分)

1. 某财经院校会计专业有甲、乙两个班，在“应用统计”课程的考试中，甲班平均成绩 85 分，标准差 11.5 分，乙班成绩如下：

成绩(分)	人数(人)
60 以下	2
60 ~ 70	5
70 ~ 80	8
80 ~ 90	6
90 以上	4
合计	25

(1) 求乙班的平均成绩和标准差。(5 分)

(2) 比较两个班平均成绩的代表程度。(5 分)

2. 某高校从期末参加“概率统计”考试的 1 000 名学生中，抽取 10% 的样本以了解考试情况。所得数据如下：

考试成绩(分)	人数
60 以下	10
60 ~ 70	20
70 ~ 80	22
80 ~ 90	40
90 以上	80
合计	100

在置信系数为 95.45% 的条件下估计：

(1) 平均成绩的置信区间。(5 分)

(2) 平均成绩在 80 分以上的比率的置信区间。(5 分)

3. 机动车尾气排放是城市空气污染的主要来源,国家规定小轿车行驶一公里排放的一氧化碳不得超过 0.5 克。环保部门随机抽检了某出租公司的 25 辆小轿车,检测结果显示这 25 辆小轿车行驶一公里排放的一氧化碳 0.45 克,标准差为 4 克,能否根据样本数据判定该出租公司尾气排放符合标准?(8 分)

4. 某水果店三种水果的销售资料如下：

水果名称	销售量(万斤)		单价(元)	
	2003 年	2004 年	2003 年	2004 年
芦柑	30	36	1.80	2.00
香蕉	140	160	1.90	2.20
苹果	100	100	1.50	1.60

根据上表数据计算(以 2003 年为基期)：

(1) 基期加权价格指数。(4 分)

(2) 本期加权销售量指数。(4 分)

(3) 销售额指数。(4 分)

5. 某厂商生产一种产品,为了研究价格变动对该种产品的影响,该厂进行了市场调研得到数据如下：

产品价格与需求量的观测值

每件价格(元)X	70	60	50	80	70	50	40
市场需求量(件)Y	175	170	180	170	165	185	190

对其进行回归分析,有关计算机输出结果如下：

回归统计	
相关系数	-0.851 397
标准误差	5.169 738
观测值	7

系数计算表

	回归系数	标准误差	t Stat	P - value
Intercept	208.928 6	9.164 966	22.796 44	3.02E - 06
X Variable 1	-0.541 67	0.149 237	-3.629 56	0.015 067

根据上述结果回答：

(1) 写出产品需求量对价格的回归方程，并解释 b 的具体意义。(5 分)

(2) 以 $\alpha=0.05$，对 $H_0:\beta=0$ 进行假设检验，根据计算结果回答所得样本回归方程能否较好地拟合数据？(5 分)

(3) 计算可决系数，说明可决系数的意义。(5 分)

(4) 预测当该产品价格为 75 元时，市场需求量 95% 的置信区间。(5 分)

模拟试题三参考答案

一、判断题

1. × 2. √ 3. × 4. × 5. × 6. × 7. × 8. √ 9. √ 10. √

二、单项选择题

1. A 2. D 3. B 4. B 5. D 6. A 7. D 8. C 9. D 10. B

三、多项选择题

1. ACDE 2. ABD 3. AE 4. ACE 5. AC

四、简答题

时间数列的乘法模型是 $Y=TSCI$。其中：T 表示长期趋势，S 表示季节变动，C 表示循环变动，I 表示不规则变动。测定季节变动是通过计算季节指数来测定的。其方法是移动平均比率法，它的基本步骤是：

第一步，用移动平均法估计 TC 的复合值。

第二步，从原时间数列中剔除 TC 的值，得到 SI 的值。

第三步，通过移动平均，从 SI 中消除 I 的影响，得到 S 的估计值。

第四步，如季度数据的季节指数与 400% 有差异（或月度数据的季节指数与 1 200% 有差异），需进行适当调整。

五、计算题

1. (1) 乙班的平均成绩 = 77 分，乙班的标准差 = 11.6 分

(2) $V_{甲}=11.5/85=13.52\%$，$V_{乙}=11.6/77=15.06\%$

甲班的成绩代表性强于乙班。

2. 样本平均数 $\bar{x}=76.6$ 分，样本标准差 $S=\sqrt{\dfrac{(x-\bar{x})^2}{n-1}}=11.38$ 分

(1) 平均成绩的置信区间：

$$\bar{x}\pm Z\frac{S}{\sqrt{N}}=76.6\pm 2\frac{11.38}{\sqrt{100}}=76.6\pm 2.2,[74.32,78.88]$$

(2) 80 分以上学生的比率：

$$P=\frac{40+8}{100}=0.48,S_P=\sqrt{\frac{0.48\times 0.52}{100}}=0.05$$

80 分以上学生的比率的置信区间：$p\pm ZS_P=0.48\pm 2\times 0.05,[0.38,0.58]$

3. 已知：$n=25, \bar{x}=0.45, S=0.16, \alpha=0.01, t_{0.01}(24)=-1.317$

$H_0: \mu \geqslant 0.5$

$H_1: \mu < 0.5$

$$t=\frac{\bar{x}-\mu}{\frac{s}{\sqrt{n}}}=\frac{0.45-0.5}{\frac{16}{\sqrt{25}}}=-1.563$$

检验统计量落入拒绝域，样本数据显著小于 0.5 克，该出租公司尾气排放符合标准。

4.（1）本期加权价格指数

$$P_p=\frac{\sum p_n q_n}{\sum p_0 q_n}=584/518.8=112.57\%$$

（2）基期加权销售量指数

$$Q_L=\frac{\sum q_n p_0}{\sum q_0 p_o}=518.8/470=110.38\%$$

（3）销售额指数

$$V=\frac{\sum p_n q_n}{\sum p_0 q_0}=584/470=124.26\%$$

5.（1）回归方程

$$\hat{y}=a+bx=208.929-0.542x$$

$b=-0.542$ 的含义是当产品价格每降低 1 个单位时，产品销售额的期望值可能降低 0.542 个单位。

（2）双尾 $t_{0.05,5}=\pm 2.57$

$t=\frac{-0.54167}{0.149237}=-3.363<t_{0.05,5}=-2.57$，拒绝原假设，样本回归方程能够较好地拟合数据。

（3）可决系数 $=0.725$，说明销售额中的变化有 0.725 由价格解释。

（4）当该产品价格为 75 元时，市场需求量 95% 的置信区间为[152.98,183.63]。

模拟试题四

一、判断题（每题1分，共10分）

1. 当一组数据的分布明显偏斜时，不宜采用算术平均数作集中趋势指标进行描述。
2. 从正态的总体中抽取容量为 n 的样本，则样本平均数的抽样分布为正态分布。
3. 在对参数进行区间估计时，置信区间越宽，说明估计的精确度越高，反之越低。
4. 统计学的内容主要包括描述性统计和应用统计。
5. 偏斜系数小于0，数据分布是右偏态的。
6. 对数据进行审核的目的是确保所采集数据的完整性和准确性。
7. 当样本量足够大时，样本平均数的抽样分布近似服从正态分布。
8. 季节指数可以反映现象的季节变动，通常将季节指数大于100%视为淡季。
9. 在进行假设检验时，显著性水平总是事先规定的，否则检验将无法得出结论。
10. 四分位距指标是反映一组数列中间25%的数据分布的范围。

二、单项选择题（每题1分，共10分）

1. 下列离散量数中，最容易受极端值影响的是（　　）。

A. 全距　　B. 四分位差　　C. 标准差　　D. 变异系数

2. 统计调查方案的首要问题是（　　）。

A. 调查组织工作　　B. 调查目的　　C. 调查经费　　D. 调查时间与地点

3. 下列哪种调查方式下的样本不是随机抽取的（　　）。

A. 简单随机抽样　　B. 分层抽样　　C. 系统抽样　　D. 方便抽样

4. 在正态的总体方差未知，且为小样本条件下，估计总体平均数使用的统计量是（　　）。

A. Z　　B. t　　C. σ　　D. F

5. 由一组数据的最大值、最小值、中位数和两个四分位数5个特征值绘制而成的，反映原始数据分布的图形，称为（　　）。

A. 条形图　　B. 茎叶图　　C. 直方图　　D. 箱索图

6. 在对总体均值进行区间估计时，有限总体校正系数的使用（　　）。

A. 增大了样本均值的标准误　　B. 不会影响样本均值的标准误

C. 缩小了样本均值的标准误　　D. 缩小了样本标准误

7. 下列相关系数中，哪个表示两个变量之间的相关程度最低（　　）。

A. -0.89　　B. -0.68　　C. 0.79　　D. 0.32

8. 某市2001年居民消费价格指数为111.3%,表明同期货币购买力下降了(　　)。

A. 89.85%　　B. 11.3%　　C. 10.15%　　D. -11.3%

9. 若各组组频数都增加一倍,其他保持不变,则算术平均数就会(　　)。

A. 减少一半　　B. 保持不变　　C. 增加一倍　　D. 不能确定

10. 下列关于抽样分布论述正确的是(　　)。

A. 它服从标准正态分布　　B. 它是样本统计量的概率分布

C. 它服从正态分布　　D. 它是样本数据的概率分布

三、多项选择题(每题2分,共10分)

1. 在街头拦截式访问调查100名行人,了解市民对塑料袋收费的看法,下面说法正确的是(　　)。

A. 调查的样本量是100　　B. 这次调查属于概率抽样调查

C. 这是一次抽样调查　　D. 这次调查会产生抽样误差

E. 这次调查是一种便利抽样

2. 1 000名在校学生分为30个自然班。从30个自然班中随机抽取4个班共96名学生,发现有32名学生近视。则以下说法正确的有(　　)。

A. 这次的调查方法属于分层抽样　　B. 样本中近视的学生比率为1/3

C. 这次的调查方法属于系统抽样　　D. 每个学生是一个抽样单位

E. 这次的调查方法属于整群抽样

3. 关于集中趋势的测度指标以下说法正确的有(　　)。

A. 一组数只有一个众数

B. 计算算术平均数时使用了所有观察值

C. 中位数易受极端值的影响

D. 当一组数据呈对称分布时,众数 = 中位数 = 算术平均数

E. 当一组数据呈左偏分布时,算术平均数小于中位数

4. 在多元线性回归的假设检验中以下说法正确的有(　　)。

A. 需要进行 t 检验

B. 需要进行 F 检验

C. t 检验与 F 检验的结论是等价的

D. t 检验是检验每个自变量对因变量的影响是否显著

E. F 检验是检验整个回归关系的显著性

5. 在原假设 $H_0: \mu = \mu_0$ 的 t 检验中,双侧检验的 p 值为0.037,则以下说法正确的有

(　　)。

A. 如果 $\alpha=0.05$,则检验的结论是拒绝原假设

B. 如果 $\alpha=0.01$,则检验的结论是拒绝原假设

C. 如果 $\alpha=0.05$,则检验统计量观测值的绝对值小于临界值

D. 如果 $\alpha=0.01$,则检验统计量观测值的绝对值小于临界值

E. 根据样本计算总体均值95%的置信区间,则该区间必然覆盖原假设中的 μ_0

四、简答题(每题5分,共15分)

1. 在参数估计过程中,置信概率和置信区间的关系是怎样的,我们应该怎样处理这两个概念的基本关系?

2. 正态分布再生定理和中心极限定理的具体内容是什么?两个定理的区别和联系是什么?

3. 解释可决系数的取值范围及其意义。

五、计算题(共30分,写出计算过程,结果保留两位小数)

1. 某工厂生产的纯净水每桶标准重量为5升,从一批纯净水中抽检30桶,测得其平均重量为5.019 6升,标准差为0.067 6。在90%的置信度水平下,估计这一批纯净水每桶的平均重量。(5分)

2. 欲从某高校毕业班的学生中按简单随机抽样方法抽选一部分学生推断总体中全校毕业生中考研学生的比例。如果最大允许误差为5%,置信度为95%,计算必要样本容量。(5分)

3. 某地区上次居民住户调查数据显示,该地区居民平均家庭人口数为3.5人,平均每户月收入为5 628元。现从该地区城镇居民家庭中随机抽取了400户进行调查,得到平均家庭人口数为3.4人,标准差为0.9人;平均每户年收入为5 691元,标准差为453元。问在0.01的显著性水平下:

(1) 该地区现在的平均家庭人口数是否显著不同于上次调查?(5分)

(2) 该地区户均年收入是否显著提高?(5分)

4. 某水果店关于三种水果的销售情况如下:

商品名称	价格(元)		销售量(万斤)	
	2008年	2009年	2008年	2009年
芦柑	1.8	2.0	30	36
香蕉	1.9	2.2	140	160
苹果	1.5	1.6	100	100

据上表数据计算(以 2008 年为基期):

(1) 派氏加权销售量指数。(4 分)

(2) 拉氏加权价格指数。(4 分)

(3) 销售额价值指数。(2 分)

六、计算与分析题(共 25 分)

1. 某快递服务公司为了分析雇员的投递行驶距离(X_1,单位:公里)和承担的业务次数(X_2,单位:次)对工作时间(Y,单位:小时)的影响,随机抽取 10 名雇员一个月的业务记录,得到随机样本数据,对其进行回归分析,有关计算机输出结果如下:

回归统计	
Multiple R	0.950 678
R Square	____
标准误差	0.573 142
观测值	10

	回归系数	标准误差
Intercept	-0.868 7	0.951 548
X Variable 1	0.061 135	0.009 888
X Variable 2	0.923 425	0.221 113

方差分析表

	自由度	平方和	MS(均方和)	F
回归	____	21.600 56	10.800 28	____
残差	____	2.299 443	____	
总计	9	23.9		

(1) 填空(下划线处)。(5 分)

(2) 写出线性回归方程,并解释两个回归系数的具体意义。(5 分)

2. 下面是 7 个品牌饮料公司的广告费用(万美元)和销售量(万箱)的统计资料。

品牌名称	广告费用(X)	销售量(Y)
Coca - Cola Classic	125	1930
Pepsi - Cola	90	1380
Diet - Coke	60	810
Sprite	56	540
Dr. Pepper	40	540
Mountain Dew	30	530
7 - Up	15	210

$\sum X=416$，$\sum Y=5\ 940$，$\sum XY=484\ 940$，$\sum X^2=33\ 186$，

$\sum Y^2=7\ 193\ 600$

根据以上资料计算：

（1）估计销售量对广告费用的线性回归方程，并解释回归系数在此题中的经济含义。（5分）

（2）计算估计的标准误差。（5分）

（3）是否可以用此方程通过饮料的广告费预测其销售量？为什么？（5分）

模拟试题四参考答案

一、判断题

1. √ 2. × 3. × 4. × 5. × 6. √ 7. √ 8. × 9. √ 10. ×

二、单项选择题

1. A 2. B 3. D 4. B 5. D 6. C 7. D 8. C 9. B 10. B

三、多项选择题

1. ACDE 2. BE 3. BDE 4. ABDE 5. AD

四、简答题

1. 置信概率设定越大,相应的置信区间越宽。应该根据实际的研究问题,确定适合的置信概率,得到相应的置信区间。

2. 正态分布再生定理是说当我们对总体分布规律已知(包括均值和方差),若总体服从正态分布,则无论抽取的样本量是大样本还是小样本,样本均值服从正态分布;中心极限定理是说若总体不能确定分布规律,只要抽取大样本($n \geqslant 30$),样本均值仍然服从正态分布。

3. 回归分析中的可决系数的取值范围是[0,1],代表在因变量的变异中可归于被模型的解释力度。

五、计算题

1. 样本均值为5.019 6,样本平均数的标准差为 $\sigma(\bar{x})=\frac{s}{\sqrt{n}}=0.012\ 3$

对应90%置信度水平的 Z 值为1.65

根据中心极限定理,样本均值服从正态分布,则总体平均数的置信区间为:

$$(5.019\ 6-1.65\times 0.012\ 3, 5.019\ 6+1.65\times 0.012\ 3) \quad \text{即}(4.999\ 3, 5.039\ 8)$$

2. $n=\frac{Z^2}{4E^2}=\frac{1.96^2}{4\times 0.05^2}=324.16\approx 325$

3. (1) 这是一个大样本均值检验的问题,根据中心极限定理,样本均值近似服从正态分布。

平均家庭人口数原假设和备择假设可以设为:

$H_0:\mu=3.5$ 人, $H_1:\mu\neq 3.5$ 人

由样本资料 $\bar{x}=3.4$ 人和 $s=1.2$ 人,可得标准化检验统计量 z 的值为:

$$z=\frac{\bar{x}-\mu_0}{s/\sqrt{n}}=\frac{3.4-3.5}{0.9/\sqrt{400}}=-2.22$$

在显著性水平 $\alpha=0.01$ 之下,查标准正态分布概率表,得临界值 $z_{0.01}=2.58$,所以不能拒绝原假设,即样本资料不能说明该地区家庭平均人口数已发生了变化。

(2) 这是一个大样本均值检验的问题,根据中心极限定理,样本均值近似服从正态分布。

平均每户的月收入额为 5 628 元,其原假设和备择假设可设为:

$H_0:\mu\leqslant 5\ 628$ 元, $H_1:\mu>5\ 628$ 元

由样本 $\bar{x}=5\ 691$ 元和 $s=453$ 元,可计算得检验统计量的 Z 值为:

$$z=\frac{\bar{x}-\mu_0}{s/\sqrt{n}}=\frac{5\ 691-5\ 628}{453/\sqrt{400}}=2.78$$

在显著性水平 $\alpha=0.01$ 之下,由标准正态分布概率表查得临界值为 $z_\alpha=z_{0.01}=2.33$,所以拒绝原假设,接受备择假设,即认为该地区城镇户均月收入已有了提高。

4. (1) $Q_p=\dfrac{\sum p_n q_n}{\sum p_n q_0}=110.6\%$

(2) $P_l=\dfrac{\sum p_n q_0}{\sum p_0 q_0}=112.34\%$

(3) $V=\dfrac{\sum p_n q_n}{\sum p_0 q_0}=124.26\%$

六、计算分析题

回归统计	
Multiple R	0.950 678
R Square	0.903 8
标准误差	0.573 142
观测值	10

	回归系数	标准误差
Intercept	-0.868 7	0.951 548
X Variable 1	0.061 135	0.009 888
X Variable 2	0.923 425	0.221 113

方差分析表

	自由度	平方和	MS(均方和)	F
回归	2	21.60 056	10.80 028	32.879
残差	7	2.299 443	0.32 849	
总计	9	23.9		

$\hat{y} = -0.8687 + 0.061135x_1 + 0.923425x_2$

2. (1) 销售量对广告费用的线性回归方程 $\hat{y} = -77.92 + 15.59x$

(2) 估计的标准误差

$$S_{yx} = \sqrt{\frac{\sum y^2 - a\sum y - b\sum xy}{n-2}} = 1\ 175.26$$

(2) 需要对预测模型进行 F(总)检验和回归系数 T 检验,才可使用模型进行预测。

模拟试题五

一、单项选择题(每小题 1 分,共 10 分)

1. 已知三家商场某种水果的单价和销售额,求这三家商场该种水果的平均单价,应采用( )。

A. 简单算术平均数　　B. 加权算术平均数

C. 加权调和平均数　　D. 加权几何平均数

2. 某班级一次英语考试成绩服从正态分布,全班平均成绩为 70 分,标准差为 8 分,一个学生成绩为 80 分,他在全班的名次为( )。

A. 前 10%　　B. 前 20%　　C. 后 10%　　D. 后 20%

3. 以下选项中,哪个不是进行随机抽样需要具备的条件( )。

A. 对总体与个体有明确定义　　B. 总体中的个体有限

C. 存在抽样框　　D. 个体之间的差异较小

4. 下列属于非随机抽样的是( )。

A. 滚雪球抽样　　B. 放回抽样

C. 系统抽样　　D. 分层抽样

5. 某连续变量数列,其末组为开口组,下限为 500,又知其邻组组中值为 480,则末组组中值为( )。

A. 520　　B. 510　　C. 500　　D. 490

6. 平均数反映了数据的( )。

A. 总体分布的集中趋势　　B. 总体分布的离散趋势

C. 总体变动趋势　　D. 总体分布的离中趋势

7. 下列不容易受到极端值影响的指标是( )。

A. 全距　　B. 中位数　　C. 均值　　D. 标准差

8. 下列反映数据集中趋势的指标是( )。

A. 四分位差　　B. 异众比率　　C. 均值　　D. 标准差

9. 下列反映数据离散趋势的指标是( )。

A. 众数　　B. 中位数　　C. 均值　　D. 标准差

10. 研究者采集了 63 个人的皮尔逊智商分数,分析结果发现偏斜系数为 −0.015,这表明( )。

A. 63 个人的皮尔逊智商分数是右偏分布

B. 63 个人的皮尔逊智商分数是尖顶分布

C. 63 个人的皮尔逊智商分数是左偏分布

D. 63 个人的皮尔逊智商分数是平顶分布

二、多项选择题(每小题 2 分,共 10 分)

1. 评价一个点估计量优良的标准有(　　)。

A. 无偏性　　B. 客观性　　C. 有效性　　D. 一致性

E. 透明性

2. 从总体中可以抽取一系列样本,下面陈述中正确的是(　　)。

A. 样本统计量是随机变量　　B. 总体参数是随机变量

C. 样本均值的数值随样本不同而不同　　D. 总体均值的数值随样本不同而不同

E. 样本统计量的数值不是唯一确定的

3. 区间估计中,如果其他条件不变,可靠性和精确性的关系表现在(　　)。

A. 置信系数增大,估计的可靠性增大　　B. 置信系数增大,估计的精确度增大

C. 区间宽度增大,估计的可靠性缩小　　D. 区间宽度增大,估计的精确度缩小

E. 置信系数增大,区间宽度增大

4. 估计标准误差能够反映(　　)。

A. 回归方程的拟合效果

B. 估计系数的显著性

C. 因变量观测值相对于拟合值的离散程度

D. 因变量估计值的可靠程度

E. 因变量的异方差性

5. 时间序列的变动是多种因素共同作用的结果,通常包括(　　)。

A. 长期趋势　　B. 季节性变动　　C. 循环变动　　D. 不规则变动

E. 集中趋势

三、填空题(每空 1 分,共 10 分)

1. 使用抽样方法采集数据的方式可分为两大类:________、________。

2. 数据审核的主要任务是确保所采集数据的________、________。

3. 令 X 为总体变量,期望为 8,方差为 16。从该总体抽取的简单随机样本为:x_1, x_2,…,x_{81},则样本平均数服从均值为______,方差为________的________分布。

4. 采用组距分组时,需遵循________的原则。

5. 数据的来源渠道有____________、____________。

四、简答题(每题 5 分,共 10 分)

1. 假设检验中依据的基本原理是什么?

2. 简述描述统计和推断统计的概念。

五、计算分析题(共 60 分)

1. 某城市想要估计下岗职工中女性所占的比例,随机抽取了 100 个下岗职工,其中 65 人为女性职工。试以 95% 的置信水平估计该城市下岗职工中女性比例的置信区间。(10 分)

2. 有 5 种蔬菜品种,分别在 4 块试验田上种植,所得亩产如下表所示(单位:kg):

		试验田			
		a1	a2	a3	a4
蔬菜品种	A1	256	222	280	298
	A2	244	300	290	275
	A3	250	277	230	322
	A4	288	280	315	259
	A5	206	212	220	212

为了考察不同蔬菜品种的平均亩产是否相同,进行方差分析,得到如下方差分析表:

方差来源	离差平方和	自由度	平均离差平方和	F	p 值
组间	13 195.7	4	______	______	0.018 6
组内	______	______	766.1		
总和	24 687.2	19			

(1) 请列示该问题中方差分析的原假设和备择假设。(2 分)

(2) 请根据所学知识,补充方差分析表中缺失的部分数值。(4 分)

(3) 取显著性水平为 0.05,利用方差分析表中的 p 值,你能得出什么结论?(2 分)

3. 有两个灯泡制造厂商正在竞争一份订单,两个厂商都随机抽取 100 个灯泡进行检验,所得结果如下(单位:小时):

	A 厂商	B 厂商
100 个灯泡寿命的均值	1 004	999
100 个灯泡寿命的方差	200	100

(1) 请问 A 厂商生产的灯泡平均寿命是否超过 1 000 小时?(8 分)

(2) 请问灯泡制造商 A 和 B 生产的灯泡平均使用寿命是否存在差异?(8 分)

(取显著性水平为 0.05)

4. 某电器商城的三种家电销售数据如下:

商品	计量单位	销售量		价格(元/台)	
		基期	报告期	基期	报告期
A	部	800	900	3 000	2 900
B	台	600	700	2 500	2 400
C	辆	1 000	1 200	2 800	2 600

(1) 计算拉氏销售量指数。(5 分)

(2) 计算派氏价格指数。(5 分)

模拟试题五参考答案

一、单项选择题

1. C 2. B 3. D 4. A 5. A 6. A 7. B 8. C 9. D 10. C

二、多项选择题

1. ACD 2. ACE 3. ADE 4. ACD 5. ABCD

三、填空题

1:概率抽样、非概率抽样

2. 完整性、准确性

3 8 、16/81、正态

4. 不重不漏

5. 数据的直接来源、数据的间接来源

四、简答题

1. 假设检验依据的基本原理是小概率事件原理。它是指发生概率很小的事件在一次试验中是几乎不可能发生的。根据这一原理可以作出是否拒绝原假设的决定。

2. 描述统计研究的是数据收集、处理、汇总、描述、概括与分析等统计方法。推断统计是研究如何利用样本数据来推断总体特征的统计方法。其中,描述统计是基础,推断统计是描述统计的发展。

五、计算分析题

1. **解**:由于 $n=100>30$,样本统计量 P 服从正态分布,总体标准差未知,可以用样本标准差代替。置信水平为 95%,$Z=1.96$,$p=65/100=0.65$,

置信区间:$0.65 \pm 1.96\sqrt{\dfrac{0.65(1-0.65)}{100}}=[0.556\,5,0.743\,5]$

2. (1) H_0:五种蔬菜品种的平均亩产完全相等(或 $\mu_1=\mu_2=\mu_3=\mu_4=\mu_5$)

H_1:五种蔬菜品种的平均亩产不完全相等

(2)

方差来源	离差平方和	自由度	平均离差平方和	F	p 值
组间	13 195.7	4	3 298.925	4.31	0.018 6
组内	11 491.5	15	766.1		
总和	24 687.2	19			

(3) 由于 p 值 $=0.0186<0.05$,因此拒绝原假设,认为五种蔬菜品种的平均亩产不完全相等。

3. 设立假设 $H_0:\mu_1-\mu_2=0$, $H_1:\mu_1-\mu_2\neq 0$

显著性水平为 0.05,$Z_{\frac{\alpha}{2}}=1.96$

统计量 $Z=\dfrac{(\bar{x}_1-\bar{x}_2)-(\mu_1-\mu_2)}{\sqrt{\dfrac{s_1^2}{n_1}+\dfrac{s_2^2}{n_2}}}=2$

由于 $-2<-1.96$,因此拒绝原假设,认为 A 厂商和 B 厂商生产的灯泡平均使用寿命存在差异。

4. (1) $q_L=\dfrac{\sum q_n p_0}{\sum q_0 p_0}=\dfrac{880\times 3\,000+650\times 2\,500+1\,050\times 2\,800}{800\times 3\,000+600\times 2\,500+1\,000\times 2\,800}$

$=\dfrac{7\,205\,000}{6\,700\,000}=1.075$ 或 107.5%

(2) $p_P=\dfrac{\sum p_n q_n}{\sum p_0 q_n}=\dfrac{880\times 2\,800+650\times 2\,300+1\,050\times 2\,500}{880\times 3\,000+650\times 2\,500+1\,050\times 2\,800}$

$=\dfrac{6\,584\,000}{7\,205\,000}=0.914$ 或 91.4%

模拟试题六

一、填空题（每空 1 分，共 20 分）

1. 统计学对数据研究的程序主要包括数据采集________和________三个阶段。

2. ________是统计研究的基本方法。

3. 标志分为________和________。

4. 适合于反映质别分组数据分组结果的图形有________和________。

5. 对数据进行组距式分组中，需要确定的要素有：________、________和________。

6. 反映单变量截面数据分布特征的指标有________、________、________和峰度系数。

7. 在基本抽样设计中，________抽样严格遵循了随机性。

8. 样本比率近似服从正态分布的条件是________、________同时大于或等于 5 。

9. 一个优良点估计应具备________三个特征。

10. 在假设检验中，当 p 值________显著性水平时，导致拒绝原假设。

11. 在简单线性回归分析中，检验回归系数的统计量 $t=$________。评价线性回归模型拟合效果的两个主要指标分别是估计标准误差和________。

二、单项选择题（每题 1 分，共 5 分）

1. 对一批产品的废品率是否超过 0.002 进行检验，检验人员根据检验结果做出该批产品的废品率没有超过 0.002 的结论，后来得知这批产品的实际废品率为 0.003，检验人员做决策时（　　）。

A. 犯了弃真错误　　　　B. 犯了取伪错误

C. 犯了弃真错误和取伪错误　　　　D. 没有犯错误

2. 对一批产品的废品率是否超过 0.002 进行检验，检验人员根据检验结果做出该批产品的废品率没有超过 0.002 的结论，后来得知这批产品的实际废品率为 0.001，检验人员做决策时（　　）。

A. 犯了弃真错误　　　　B. 犯了取伪错误

C. 犯了弃真错误和取伪错误　　　　D. 没有犯错误

3. 在假设检验中，H_0 为原假设，H_1 为备择假设，下列表述中犯第Ⅰ类错误的是（　　）。

A. H_1 为真，接受 H_1　　　　B. H_1 为真，拒绝 H_1

C. H_1 不真,接受 H_1　　　　D. H_1 不真,拒绝 H_1

4. 在出口产品检验中,设 H_0:产品合格,为了保证产品的质量,减少次品混入合格品的可能性,在样本容量一定的条件下,应选择显著性水平 α 为(　　)。

A. 0.1　　B. 0.05　　C. 0.01　　D. 0.005

5. 在单因素方差分析中,如果处置方式为 3 种,每种处置方式观察值为 5 个,则第二自由度的个数为(　　)。

A. 2 个　　B. 12 个　　C. 14 个　　D. 15 个

三、简答题(10 分)

简述方差分析的主要步骤。

四、计算题(共 35 分)

1. 某地区职工月平均收入样本资料如下表:

月收入(元)	人数(f)	X	fX	$(X-\bar{X})^2f$
4 000 ~ 6 000	4	5 000	20 000	61 651 577
6 000 ~ 8 000	16	7 000	112 000	59 347 049
8 000 ~ 10 000	40	9 000	360 000	219 478.9
10 000 ~ 12 000	21	11 000	231 000	90 337 451
合　计	81		723 000	211 555 556

(1) 求该地区职工月平均收入点估计。(5 分)

(2) 在置信系数为 95% 条件下求该地区职工月平均收入的区间估计。(5 分)

(3) 若上述估计的精度不变,估计的把握程度从 95% 增至 99%,样本容量应增加多少?(5 分)

2. 某银行客服部门接到 VIP 客户投诉,反映柜台业务人员对 VIP 客户办理业务的时间太长,而对一般客户的服务更快捷。在对该问题进行研究后,客服部门收集了的样本信息如下表所示。在 0.01 的显著性水平下,是否能够认为该银行对 VIP 客户的服务时间偏长?(10 分)

客户类型	样本容量	样本均值	样本标准差
一般客户	100	5.3 分钟	0.3 分钟
VIP 客户	50	5.5 分钟	0.4 分钟

3. 某商场 2011 年 4 月和 2012 年 4 月的三种商品的价格和销售量情况如下:

商品名称	价格(元/公斤)		销售量(公斤)	
	2011 年	2011 年	2012 年	2012 年
A	2.5	3.0	3 000	4 000
B	10.0	8.0	2 000	3 000
C	8.0	9.0	3 000	2 500

以 2011 年 4 月为基期,

(1) 计算以基期加权的价格指数。(4 分)

(2) 计算以报告期加权的数量指数。(4 分)

(3) 计算销售额指数。(2 分)

五、计算分析题(30 分)

为了调查某行业广告费(X)支出对销售收入(Y)的影响,现收集了该行业 15 家公司的年广告费支出及其销售额资料,资料如下:

5 家公司的年广告费及其销售额资料 单位:万元

广告费	销售额	广告费	销售额	广告费	销售额
120	3 633	0.1	711	50	1 200
68.7	2 070	21.5	570	60.8	1 500
100.1	1 590	1.4	445	40	1 100
76.6	1 323	5.5	433	33.3	800
8.7	811	1.7	433	20	900

(1) 用最小二乘法估计销售额对广告费的线性回归方程。(8 分)

(2) 解释回归系数的经济含义。(2 分)

(3) 对回归系数进行检验(估计的标准误差为 406.18)($\alpha=0.05$)。(5 分)

(4) 根据以上分析结果以及可决系数(0.778 9)简要分析回归模型的效果。(5 分)

(5) 预测当公司的年广告费为 48 万元时,销售额的平均数的置信区间(置信系数为 95%)。(10 分)

模拟试题六参考答案

一、填空题

1. 数据整理、数据分析
2. 大量观察法
3. 品质标志、数量标志
4. 条形图、饼图
5. 组数、组距、组限
6. 集中趋势指标、离散程度指标、偏斜系数
7. 简单随机
8. $n\pi$、$n(1-\pi)$
9. 无偏性、有效性、一致性
10. $<$
11. 回归系数/回归系数的标准差、拟和优度(可决系数)

二、单项选择题

1. B 2. D 3. C 4. A 5. B

三、简答题(答案略)

四、计算题

1. (1) 该地区职工月收入的点估计平均为 8 925.93 元,职工月收入的标准差:

$$s=\sqrt{\frac{f(x-8\ 925.93)^2}{81-1}}=1\ 626.17$$

(2) 计算临界值 8 925.93 ± 354.14,(8 571.79,9 280.07)

有 95% 把握该行业所有职工月收入的平均数在 8 571.79 元至 9 280.07 元之间。

(3)

$$n=\frac{z^2\sigma^2}{e^2}=\frac{2.575^2\ 1\ 626.17^2}{354.14^2}=140\ 或\ n=\frac{z^2\sigma^2}{e^2}=\frac{2.58^2\ 1\ 626.17^2}{354.14^2}=141$$

样本容量应增加 59 人或 60 人。

2. 设:μ_1 为一般客户的平均服务时间,μ_2 为 *VIP* 客户的平均服务时间;

(1) 假设:$H_0:\mu_1-\mu_2\geqslant 0$, $H_1:\mu_1-\mu_2<0$

(2) 判断统计量的概率分布:大样本,样本均值近似服从正态分布。

（3）查出显著性水平为 0.05 的标准正态值：2.33

（4）计算 z 值或 P 值：$z=\dfrac{5.30-5.50}{\sqrt{\dfrac{0.3^2}{100}+\dfrac{0.4^2}{50}}}=-3.13$

Z 统计量的实现值小于临界值，因此拒绝原假设，两种客户的服务时间是有差异的。

3.（1）计算以基期加权的价格指数

$P_L=52\ 000/51\ 500=100.97\%$

（2）计算以报告期加权的数量指数

$Q_P=58\ 500/52\ 000=112.5\%$

（3）计算销售额指数

$V=58\ 500/51\ 500=113.59\%$

五、案例分析题

（1）方程：$\hat{y}=383.068+19.351x$

（2）回归系数的经济含义：广告费用增加 1 万元，销售收入平均增加 19.351 万元。

（3）回归系数的 T 值为 6.772，通过检验，说明广告费和销售额总体存在回归关系。

Coefficients[a]

Model		Unstandardized coeffcients		Standardized Coefficients	t	sig.
		B	std. Error	Beta		
1	(Constant)	383.068	156.300		2.451	.029
	X	19.351	2.857	.883	6.772	.000

a. Dependent Variable：Y

（4）可决系数 $=0.778\ 9$，回归方程拟合效果较好，说明广告费能够解释销售额变动的 77.89%。

（5）当公司的年广告费为 48 万元时，销售额的平均数的置信区间为（1 080.72，1 543.082）。